2024 심우철

문법
풀이
전략서

| 심우철 지음 |

공무원 영문법 핵심 포인트 요약집

커넥츠 공단기
인터넷 강의 gong.conects.com

교재 특징

1

까다로운 문법 유형,
이제는 한 권으로 정리합니다.

전례 없이 혁신적인 문법책입니다. 나열식으로 진행했던 무분별한 문법 공부는 이제 지양하세요. 이젠 문법을 어휘적으로 접근하여 어휘에 해당하는 문법 사항들을 일목요연하게 정리할 수 있습니다.

2

기출 분석을 통해 시험에 나오는
문법 사항만 담은 문법 교재입니다.

방대한 기출 자료를 바탕으로 필출 문법 사항만을 담았습니다. 국가직, 지방직, 서울시, 국회직, 법원직, 경찰직, 사복직, 기상직 등에 나온 문법 포인트를 문법 풀이 전략서 한 권으로 전부 정리할 수 있습니다.

3 수준별 학습으로 공부 효과가 극대화 됩니다.

시험을 대비함에 있어 모든 내용을 학습하는 것이 가장 좋습니다. 하지만 문법 풀이 전략서는 2단계(70+ 어휘·85+ 어휘)로 어휘들을 배치해 시간 대비 학습 효과가 극대화되도록 하였습니다. 원하는 점수대별로 선별해 공부할 수 있습니다.

4 시스템 영문법으로 문법 문제 풀이 방법을 익힐 수 있습니다.

어휘적으로 해결하기 힘든 문법은 시스템 영문법으로 정리할 수 있습니다. 밑줄형, 문장형 등 다양한 문제 유형에 접근하는 방법을 배움으로써 정답에 대한 해설식 문법이 아닌 출제자의 시각을 기를 수 있습니다.

Structure
교재 구성

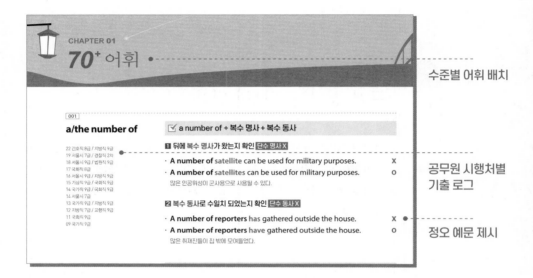

수준별 어휘 배치

CHAPTER 01
70⁺ 어휘

001
a/the number of

22 간호직 9급 / 지방직 9급
19 서울시 7급 / 경찰직 2차
18 서울시 9급 / 법원직 9급
17 국회직 8급
16 서울시 9급 / 지방직 9급
15 기상직 9급 / 국회직 9급
14 국가직 9급 / 국회직 9급
14 서울시 7급
13 국가직 7급 / 지방직 9급
12 지방직 7급 / 교행직 9급
11 국회직 9급
09 국가직 9급

☑ a number of + 복수 명사 + 복수 동사

1 뒤에 복수 명사가 오는지 확인 단수 명사 X

· **A number of** satellite can be used for military purposes.   X
· **A number of** satellites can be used for military purposes.   O
  많은 인공위성이 군사용으로 사용될 수 있다.

2 복수 동사로 수일치 되었는지 확인 단수 동사 X

· **A number of reporters** has gathered outside the house.   X
· **A number of reporters** have gathered outside the house.   O
  많은 취재진들이 집 밖에 모여들었다.

공무원 시행처별
기출 로그

정오 예문 제시

Man lives in **almost all (of) the earth.**   O
인간은 지구의 거의 모든 지역에 걸쳐 산다.

기출 O / X   정답 p.66

01 A number of people was late for work because there was a traffic accident. 11 국회직 9급   O / X

02 The number of crimes in the cities are steadily decreasing. 19 경찰직 2차   O / X

03 There were a number of different options. 22 간호직 8급   O / X

04 Abraham Lincoln was one of the truly great president of the United States. 10 국회직 8급   O / X

05 Most of the suggestions made at the meeting was not very practical. 20 경찰직 1차   O / X

기출 O/X

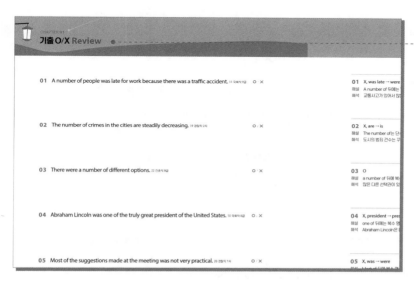

CHAPTER 01
기출 O/X Review

기출 O/X
리뷰 및 해설

01 A number of people was late for work because there was a traffic accident. 11 국회직 9급   O · X

01   X, was late → were
해설   A number of 뒤에는
해석   교통사고가 있어서 많은

02 The number of crimes in the cities are steadily decreasing. 19 경찰직 2차   O · X

02   X, are → is
해설   The number of는 단수
해석   도시의 범죄 건수는 꾸

03 There were a number of different options. 22 간호직 8급   O · X

03   O
해설   a number of 뒤에 복수
해석   많은 다른 선택권이 있

04 Abraham Lincoln was one of the truly great president of the United States. 11 국회직 8급   O · X

04   X, president → pres
해설   one of 뒤에는 복수 명
해석   Abraham Lincoln은 (

05 Most of the suggestions made at the meeting was not very practical. 20 경찰직 1차   O · X

05   X, was → were
해석   Most of 뒤에 복수 명

---

1 수일치

문법 요약으로
마무리

1 '부분명사 of 전체명사'의 수일치

'부분'을 나타내는 부정대명사		some, any, most, all	
부분명사	일부	part, portion, half, the rest	+ of + 복수 명사 + 복수 동사 / 단수 명사 + 단수 동사
	분수	one third, three fourths	
	백분율	30 percent	

* all, half의 경우, 뒤의 of가 생략될 수 있다.

2 'one of 명사'의 수일치

one, each, either, neither	+ of + 복수 명사 + 단수 동사

올바른 문법 공부

반복적으로 실패하는 문법 공부

어법상 옳은 것은?

① The paper charged her with use the company's money for her own purposes.

② The investigation had to be handled with the utmost care lest suspicion be aroused.

③ Another way to speed up the process would be made the shift to a new system.

④ Burning fossil fuels is one of the lead cause of climate change.

우리말을 영어로 잘못 옮긴 것은?

① 혹시 내게 전화하고 싶은 경우에 이게 내 번호야.
→ This is my number just in case you would like to call me.

② 나는 유럽 여행을 준비하느라 바쁘다.
→ I am busy preparing for a trip to Europe.

③ 그녀는 남편과 결혼한 지 20년 이상 되었다.
→ She has married to her husband for more than two decades.

④ 나는 내 아들이 읽을 책을 한 권 사야 한다.
→ I should buy a book for my son to read.

> 저처럼 문법 문항을 깜지로 만든 경험 다들 있으시죠?
> 나열식으로 배운 문법 공부법은 시험장에서는 통하지
> 않는다는 것을 수험생이라면 누구나 경험하죠 ㅠㅠ

합격을 앞당기는 효율적인 문법 공부

어법상 옳은 것은?

2019_지방직_9급_06번

① The paper charged her with use the company's money for her own purposes.

✔ The investigation had to be handled with the utmost care lest suspicion be aroused.

③ Another way to speed up the process would be made the shift to a new system.

④ Burning fossil fuels is one of the lead cause of climate change.

우리말을 영어로 잘못 옮긴 것은?

2019_지방직_9급_16번

① 혹시 내게 전화하고 싶은 경우에 이게 내 번호야.
→ This is my number just in case you would like to call me.

② 나는 유럽 여행을 준비하느라 바쁘다.
→ I am busy preparing for a trip to Europe.

✔ 그녀는 남편과 결혼한 지 20년 이상 되었다.
→ She has married to her husband for more than two decades.

④ 나는 내 아들이 읽을 책을 한 권 사야 한다.
→ I should buy a book for my son to read.

> 문법 풀이 전략서를 공부한 후, 기존의 수동적인 풀이
> 방식에서 벗어나 문법 문항을 능동적으로 풀게 됐어요.
> 어휘만 보아도 어떤 문법 문제가 나올지 예상돼요.

목차

최소시간 X 최대효과 = 초고효율 심우철합격영어

PART 01

어휘로
접근하는
문법 풀이
전략

신의 한수! 공시계의 혁명!
문법 풀이 전략서

CHAPTER 01
70⁺ 어휘

001

a/the number of

22 간호직 8급 / 지방직 9급
19 서울시 7급 / 경찰직 2차
18 서울시 9급 / 법원직 9급
17 국회직 8급
16 서울시 9급 / 지방직 9급
15 기상직 9급 / 국회직 9급
14 국가직 9급 / 국회직 9급
14 서울시 7급
13 국가직 9급 / 지방직 9급
12 지방직 7급 / 교행직 9급
11 국회직 9급
09 국가직 9급

☑ a number of + 복수 명사 + 복수 동사

1 뒤에 복수 명사가 왔는지 확인 단수 명사 X

· **A number of satellite** can be used for military purposes.   X
· **A number of satellites** can be used for military purposes.   O
많은 인공위성이 군사용으로 사용될 수 있다.

2 복수 동사로 수일치 되었는지 확인 단수 동사 X

· **A number of reporters has** gathered outside the house.   X
· **A number of reporters have** gathered outside the house.   O
많은 취재진들이 집 밖에 모여들었다.

☑ the number of는 단수 동사로 수일치 되었는지 확인 복수 동사 X

· **The number of** students **have** fallen in the last decade.   X
· **The number of** students **has** fallen in the last decade.   O
지난 10년간 학생 수가 감소해 왔다.

> ➕ **Further** Study
>
> ⎾ a number of : 많은
> ⎿ the number of : ~의 수
> ⎾ the number of + 복수 명사(가산명사)
> ⎿ the amount of + 단수 명사(불가산명사)
>
> The number of **tax** you pay depends on how much you earn.   X
> The amount of **tax** you pay depends on how much you earn.   O
> 당신이 내는 세금의 양은 당신의 소득에 따라 달라진다.

002

there be

22 간호직 8급
19 지방직 7급 / 국회직 8급
17 지방직 9급
16 교행직 9급 / 서울시 7급
15 국회직 9급 / 서울시 9급
15 국회직 8급
14 국회직 9급 / 국회직 8급
14 지방직 7급
12 교행직 9급
11 사복직 9급

☑ 뒤에 나온 명사에 수일치 했는지 확인

· There **is** 24 teams competing in the tournament.   X
· There **are** 24 teams competing in the tournament.   O
토너먼트에서는 24개의 팀이 경쟁한다.

cf ~가 있는 것 같다

> ⎾ There seems to be + 단수 명사
> ⎿ There seem to be + 복수 명사

003

one of

22 간호직 8급
20 소방직 9급
19 지방직 9급 / 국회직 9급
19 국회직 8급 / 지방직 7급
19 서울시 7급
14 국가직 9급
11 국가직 9급 / 국회직 8급
10 국회직 8급
08 국회직 8급
07 서울시 9급
05 국회직 8급

☑️ 단수 동사로 수일치 되었는지 확인 **복수 동사 X**

· **One of** my friends **are** a doctor.   **X**
· **One of** my friends **is** a doctor.   **O**
　내 친구 중 한 명은 의사이다.

☑️ 뒤에 복수 명사가 왔는지 확인 **단수 명사 X**

· This is **one of** my favourite **book**.   **X**
· This is **one of** my favourite **books**.   **O**
　이것은 내가 가장 좋아하는 책 중 하나이다.

004

most of

20 경찰직 1차
18 지방직 7급
17 경찰직 1차
16 지방직 9급
14 경찰직 2차
10 국회직 9급
08 국가직 7급

☑️ 뒤에 '복수 명사 + 복수 동사' 또는 '단수 명사 + 단수 동사'가 왔는지 확인

· **Most of the people** was about to go up the wall.   **X**
· **Most of the people** were about to go up the wall.   **O**
　대부분의 사람들이 화나기 직전이었다.

> ➕ **Further Study**
>
> ▶ almost vs most
> ┌ almost all (of) the 명사
> └ most (of the) 명사
> Man lives in **almost all (of) the earth**.   **O**
> 인간은 지구의 거의 모든 지역에 걸쳐 산다.

기출 O/X   정답 p.66

01   A number of people was late for work because there was a traffic accident. 11 국회직 9급   O / ✕

02   The number of crimes in the cities are steadily decreasing. 19 경찰직 2차   O / ✕

03   There were a number of different options. 22 간호직 8급   O / ✕

04   Abraham Lincoln was one of the truly great president of the United States. 10 국회직 8급   O / ✕

05   Most of the suggestions made at the meeting was not very practical. 20 경찰직 1차   O / ✕

70⁺ 어휘

005

arrive

21 지방직 9급
19 국가직 9급
18 지방직 9급 / 국회직 8급
18 기상직 9급 / 경찰직 2차
13 국가직 7급
12 지방직 9급 / 국가직 9급
09 국가직 7급

☑ **능동형으로 쓰였는지 확인** 수동형 X

· They **were arrived** late at the airport.   X
· They **arrived** late at the airport.   O
  그들은 늦게 공항에 도착했다.

☑ **완전자동사이므로 목적어 앞에 전치사 at/in이 있는지 확인** at/in 생략 X

· It had been already dark by the time they **arrived** their hotel.   X
· It had been already dark by the time they **arrived at** their hotel. O
  그들이 호텔에 도착했을 때쯤엔 이미 어두워져 있었다.

➕ **Further Study**
▶ arrive at[in] = reach : ~에 도착하다

006

occur

19 서울시 9급
16 지방직 9급 / 기상직 7급
15 국가직 7급 / 교행직 9급
10 지방직 9급
08 지방직 7급 / 선관위 7급

☑ **능동형으로 쓰였는지 확인** 수동형 X

· Since the Earth is rotating, two tides **are occurred** each day.   X
· Since the Earth is rotating, two tides **occur** each day.   O
  지구가 자전하고 있기 때문에, 매일 두 번의 조수가 일어난다.

007

happen

22 간호직 8급
19 국가직 9급 / 기상직 9급
18 서울시 7급
17 국가직 9급
16 기상직 9급
15 기상직 9급
08 국가직 7급

☑ **능동형으로 쓰였는지 확인** 수동형 X

· The accident **was happened** at 2 o'clock this afternoon.   X
· The accident **happened** at 2 o'clock this afternoon.   O
  그 사고는 오늘 오후 2시에 일어났다.

➕ **Further Study**
▶ happen to RV : 우연히 ~하다
I **happened to see** her in town.   O
나는 우연히 시내에서 그녀를 보았다.

008

look

23 지방직 9급
20 지방직 9급
18 경찰직 1차
16 서울시 9급
13 국가직 9급
12 국회직 8급
11 국회직 8급
09 지방직 9급

☑ 2형식으로 쓰인 경우, 보어에 형용사가 왔는지 확인 `부사 X`

- · That book **looks** interestingly.   X
- · That book **looks** interesting.   O
  그 책은 흥미로워 보인다.

☑ 전치사 at과 함께 쓰인 경우

1 목적어 앞에 **전치사 at**이 있는지 확인 `at 생략 X`

- · She **looked** me and smiled.   X
- · She **looked** at me and smiled.   O
  그녀는 나를 보며 웃었다.

2 수동태인 경우에도 **전치사 at**이 있는지 확인 `at 생략 X`

- · He **was looked** in the town as a sinner.   X
- · He **was looked** at in the town as a sinner.   O
  그는 그 마을에서 죄수로 보였다.

☑ 뒤에 in the 신체 부위가 왔는지 확인 `소유격 X`

- · We will **look** him directly in his eye.   X
- · We will **look** him directly in the eye.   O
  우리는 그의 눈을 똑바로 쳐다볼 것이다.

`기출 O / X`

06	Maggie will be waiting for me when my flight is arrived this evening. 18 경찰직 2차	O / ✕
07	The incident was occurred in the midst of Ukrainian leaders' campaign of violence. 15 국가직 7급	O / ✕
08	This story was about the incidents that were happened in the 1920s. 22 간호직 8급	O / ✕
09	Your baby looks lovely. 18 경찰직 1차	O / ✕
10	The picture was looked carefully by the art critic. 23 지방직 9급	O / ✕
11	I like people who look me in the eye when I have a conversation. 20 지방직 9급	O / ✕

009

become

21 지방직 9급
20 지방직 9급
19 기상직 9급
17 국가직 9급 / 국회직 8급
15 국회직 9급 / 지방직 9급
14 국가직 7급
12 지방직 7급 / 국회직 8급
12 사복직 9급
09 법원직 9급

☑ **2형식으로 쓰인 경우, 보어에 형용사가 왔는지 확인 부사X**

· It soon **became clearly** that the fire was out of control.   **X**
· It soon **became clear** that the fire was out of control.   **O**
  그 화재가 걷잡을 수 없다는 것이 곧 확실해졌다.

+ **Further** Study

▶ become이 '~에 어울리다'를 의미하는 경우, **3형식** 가능
Blue really **becomes** her. [3형식]   **O**
파란색은 그녀에게 정말 잘 어울린다.

010

remain

22 서울시 9급
13 서울시 9급

☑ **2형식으로 쓰인 경우, 보어에 형용사가 왔는지 확인 부사X**

· We **remain confidently** of offering the lowest prices.   **X**
· We **remain confident** of offering the lowest prices.   **O**
  우리가 최저가를 제시하고 있다고 여전히 자신합니다.

011

stay

18 경찰직 3차
09 법원직 9급
07 인천시 9급

☑ **2형식으로 쓰인 경우, 보어에 형용사가 왔는지 확인 부사X**

· Let's just **stay calmly** and try to figure out what to do.   **X**
· Let's just **stay calm** and try to figure out what to do.   **O**
  마음을 가라앉히고 무엇을 해야 할지 생각해보자.

+ **Further** Study

⌈ stay ⌉ + 형용사 : 유지하다   ⌈ stay ⌉ + 부사/전치사 : 머무르다
⌊ remain ⌋   ⌊ remain ⌋

012

explain

☑ 간접목적어 앞에 **전치사 to**가 있는지 확인 **to 생략 X**

· The librarian will **explain** us how to use the program.   X
· The librarian will **explain to** us how to use the program.   O
   그 사서는 우리에게 그 프로그램을 사용하는 방법을 설명해줄 것이다.

기출 O/X

12   My sweet-natured daughter suddenly became unpredictably. 21 지방직 9급   O / X

13   We need to stretch the perception of fashion to remain open to the many layers   O / X
     and complexities that exist. 22 서울시 9급

14   If properly stored, broccoli will stay fresh for up to four days. 18 경찰직 3차   O / X

15   The manager refused to explain us the reason why he cancelled the meeting. 20 경찰직 2차   O / X

013

discuss

21 경찰직 2차
19 서울시 9급
17 국회직 9급
15 국회직 9급
12 국회직 9급
11 교행직 9급

☑ 완전타동사임에 유의 discuss about X

· Have you **discussed** about the problem with anyone?　　X
· Have you **discussed** the problem with anyone?　　O
　너 그 문제를 누군가와 상의해봤니?

014

contact

21 경찰직 1차
18 지방직 9급 / 국회직 9급
05 국회직 8급

☑ 완전타동사임에 유의 contact to X

· The attorney **contacted** to me.　　X
· The attorney **contacted** me.　　O
　그 변호사가 내게 연락했다.

015

resemble

17 국회직 9급
14 국가직 9급
12 국회직 9급

☑ 완전타동사임에 유의 resemble like/to X

· Brian and Steve **resemble** like each other.　　X
· Brian and Steve **resemble** each other.　　O
　Brian과 Steve는 서로 닮았다.

016

reach

19 국가직 9급
16 국가직 7급
15 국가직 9급
11 서울시 9급
95 국가직 7급

☑ 완전타동사임에 유의 reach to/at X

· After you **reach** at a certain age, nobody wants to hire you.　　X
· After you **reach** a certain age, nobody wants to hire you.　　O
　당신이 특정한 나이에 도달하면, 누구도 당신을 고용하길 원치 않는다.

➕ **Further** Study

▶ reach for : (잡으려고) 손을 뻗다

017

accompany

21 경찰직 2차
17 지방직 9급
13 국가직 9급

☑ **완전타동사임에 유의** accompany with X

· He will **accompany** with you on a trip to Seoul.   X
· He will **accompany** you on a trip to Seoul.   O
  그는 서울 여행에 당신과 동행할 것이다.

018

survive

20 국가직 9급
19 서울시 7급
17 경찰직 2차

☑ **완전타동사임에 유의** survive after/from X

· Just eight passengers **were survived by** the plane crash.   X
· Just eight passengers **survived after** the plane crash.   X
· Just eight passengers **survived** the plane crash.   O
  단 8명의 승객만이 여객기 사고에서 살아남았다.

기출 O/X

16 If you are free now, I want to discuss about it with you. 17 국회직 9급   O / X

17 Please contact to me at the email address I gave you last week. 18 지방직 9급   O / X

18 She resembles to her mother very closely. 17 국회직 9급   O / X

19 She reached the mountain summit with her 16-year-old friend on Sunday. 19 국가직 9급   O / X

20 Seohee agreed to accompany with her father on a trip to France. 21 경찰직 2차   O / X

21 거의 모든 식물의 씨앗은 혹독한 날씨에도 살아남는다.   O / X
    → The seeds of most plants are survived by harsh weather. 20 국가직 9급

---

[019]

consider

21 지방직 9급
20 지방직 7급
18 경찰직 3차
17 경찰직 1차
15 법원직 9급
11 국회직 9급

☑ 목적격 보어가 (to be/as) 형/명인지 확인

· They **consider** themselves **(to be) Europeans.**　　　　O
· They **consider** themselves **(as) Europeans.**　　　　O
　그들은 그들 스스로를 유럽인으로 여긴다.

> **+ Further Study**
>
> ▶ O를 O.C라고 여기다
> ┌ consider + O + to be + O.C
> ├ consider + O +　as　+ O.C
> └ consider + O　　　　+ O.C

☑ 목적어에 동명사가 왔는지 확인 `to RV X`

· We're **considering** to buy a new car.　　　　X
· We're **considering** buying a new car.　　　　O
　우리는 새 차를 사는 것을 고려 중이다.

---

[020]

call

22 국가직 9급
17 국회직 9급
14 국회직 9급
11 국가직 9급
06 경기 9급

☑ 능·수동 확인

· Large cities have very tall buildings **calling** skyscrapers.　　　　X
· Large cities have very tall buildings **called** skyscrapers.　　　　O
　대도시에는 마천루라고 불리는 매우 높은 건물들이 있다.

☑ 목적격 보어에 명사가 왔는지 확인 `as 명사 X, to be 명사 X`

· His name is Robert, but everyone just **calls** him as Bob.　　　　X
· His name is Robert, but everyone just **calls** him Bob.　　　　O
　그의 이름은 Robert지만, 모두 다 그냥 Bob이라고 부른다.

---

[021]

keep

21 국가직 9급 / 경찰직 1차
20 지방직 7급
17 지방직 9급
14 국회직 8급
08 선관위 9급 / 서울시 9급
08 지방직 9급

☑ **keep O from RVing 구조인지 확인** to RV X

· My father **kept** me **to be** a football referee.　　　　　　　X
· My father **kept** me **from being** a football referee.　　　　　O
　아버지는 내가 축구 심판이 되는 것을 막으셨다.

> ➕ **Further Study**
>
> ▶ keep (on) RVing : 계속해서 ~하다
> He **kept** (on) behaving that way.　　　　　　　　　　　　　O
> 그는 계속 그런 식으로 행동했다.
>
> ▶ keep O from RVing : O가 ~하는 것을 막다
> They **kept** me from seeing my father.　　　　　　　　　　O
> 그들은 내가 아버지를 만나는 것을 막았다.
>
> ▶ keep O RVing : O가 계속 ~하게 하다
> The company's good conditions **kept** him working there.　O
> 회사의 좋은 조건이 그를 그곳에서 계속 일하게 했다.

---

[022]

prevent

18 경찰직 3차
17 지방직 9급
16 국가직 9급
13 국가직 7급
11 국회직 9급
09 국가직 9급

☑ **prevent O from RVing 구조인지 확인** to RV X

· A leg injury may **prevent** him **to play** in the game.　　　X
· A leg injury may **prevent** him **from playing** in the game.　O
　그는 다리 부상으로 인해 경기를 뛰지 못할 수도 있다.

기출 O/X

22　Word processors were considered to be the ultimate tool for a typist in the past. 21 지방직 9급　　O / X

23　The enhanced design, calling a Voltaic pile, was made by stacking some discs. 22 국가직 9급　　O / X

24　학위가 없는 것이 그녀의 성공을 방해했다.　　O / X
　　→ Her lack of a degree kept her advancing. 21 국가직 9급

25　The heavy snow prevented us to play baseball. 18 경찰직 3차　　O / X

023

see

☑ 지각동사로 쓰인 경우

1 목적격 보어에 원형부정사/RVing/p.p.가 왔는지 확인 `to RV X`

· He **saw** a man **to get** out of the car.　　　　　　　X
· He **saw** a man **get(ting)** out of the car.　　　　　　O
　그는 한 남자가 차에서 내리는 것을 봤다.

2 수동태로 쓰인 경우, 뒤에 to RV가 왔는지 확인 `원형부정사 X`

· The suspect **was seen** enter the building.　　　　　　X
· The suspect **was seen to enter** the building.　　　　　O
　용의자가 건물 안으로 들어가는 것이 보였다.

☑ 간주동사로 쓰인 경우, see A as B(형/명) 구조인지 확인

· Climbers **see** the Himalayas **as** the final frontier.　　O
　등반가들은 히말라야를 최종 고지로 간주한다.

024

ask

☑ 목적어가 that절인 경우, that S + (should) RV 구조인지 확인

· We **asked that** the battery **is checked** monthly.　　　X
· We **asked that** the battery **be checked** monthly.　　　O
　우리는 그 배터리를 매달 점검해야 한다고 요구했다.

> **+ Further Study**
>
> ▶ 4형식으로 쓰인 경우, 직접목적어에 that절이 올 수 없음에 유의
>
> He **asked** me that I could give him some advice.　　　X
> He **asked** me if/whether I could give him some advice.　O
> 그는 나에게 조언을 좀 해줄 수 있냐고 물었다.

☑ 목적격 보어에 to RV가 왔는지 확인 `원형부정사 X`

· The policeman **asked** me keep sight of him.　　　　　X
· The policeman **asked** me **to keep** sight of him.　　　O
　그 경찰관은 내게 그를 지켜보라고 요구했다.

· He **was asked** join the discussion.　　　　　　　　X
· He **was asked to join** the discussion.　　　　　　　O
　그는 토론에 참여해 달라는 요청을 받았다.

025

allow

19 서울시 9급 / 국회직 9급
18 지방직 9급
16 지방직 7급
14 지방직 9급
13 지방직 9급
12 사복직 9급
11 국가직 7급
07 인천시 9급

☑ 목적격 보어에 **to RV**가 왔는지 확인 원형부정사 X

· We do not **allow** people **smoke** in the building.　　　　　X
· We do not **allow** people **to smoke** in the building.　　　　O
　우리는 사람들이 이 건물 안에서 담배 피우는 것을 허용하지 않는다.

➕ **Further Study**

▶ allow는 **4형식도 가능**
The new regulation **allows** patients caregiver service.　　　O
그 새로운 규정은 환자들에게 간병인 서비스를 허용한다.

026

hear

18 지방직 9급
17 지방직 9급
13 지방직 9급
12 경찰직 2차

☑ 목적격 보어에 **원형부정사/RVing/p.p.**가 왔는지 확인 to RV X

· Neighbours **heard** the child **to scream** and called the police.　　X
· Neighbours **heard** the child **scream(ing)** and called the police.　　O
　이웃들은 그 아이가 소리 지르는 것을 듣고 경찰에 신고했다.

기출 O/X

26	We saw John coming back with a drink in his hand. 22 간호직 8급	O / X
27	He asked me that he could use my mobile phone. 20 경찰직 2차	O / X
28	John became great by allowing himself learn from mistakes. 12 사복직 9급	O / X
29	I heard the man talk about me. 12 경찰직 2차	O / X

☑ 사역동사로 쓰인 경우

1 목적격 보어에 원형부정사가 왔는지 확인 `to RV X`

· The photo **makes** him **to look** older than he really is. X
· The photo **makes** him **look** older than he really is. O
사진에서 그는 실제보다 나이 들어 보인다.

2 수동태로 쓰인 경우, 뒤에 to RV가 왔는지 확인 `원형부정사 X`

· He **was made** **wait** one hour before seeing a doctor. X
· He **was made** **to wait** one hour before seeing a doctor. O
그는 진찰을 받기 전에 한 시간을 기다리도록 되어 있었다.

☑ [가목적어 - 진목적어] 구문에서

1 가목적어 it이 있는지 확인 `it 생략 X`
2 목적격 보어가 형용사인지 확인 `부사 X`

· He **made** **clear** not to want it. X
· He **made** **it clear** not to want it. O
그는 그것을 원치 않는다는 것을 명백히 했다.

☑ 목적격 보어에 형용사가 왔는지 확인 `부사 X`

· Her attitude **made** her very **unpopularly** with colleagues. X
· Her attitude **made** her very **unpopular** with colleagues. O
그녀의 태도 때문에 그녀는 동료들 사이에서 매우 인기가 없었다.

> **+ Further Study**
>
> ▶ 목적격 보어가 분사형 형용사일 경우 능·수동 확인
>
> His remarks **made** me confusing. X
> His remarks **made** me confused. O
> 그의 말은 나를 혼란스럽게 했다.

028

have

23 국가직 9급
22 서울시 9급
21 지방직 9급
17 기상직 9급 / 지방직 7급
15 국가직 9급
12 경찰직 2차
11 기상직 9급
08 지방직 9급
05 국가직 7급

☑ 사역동사로 쓰인 경우, 목적격 보어에 원형부정사/p.p.가 왔는지 확인 to RV X

· I'll **have** the bellboy **to take** up your bags.   X
· I'll **have** the bellboy **take** up your bags.   O
    내가 벨보이에게 너의 가방을 들어달라고 할게.

029

let

21 지방직 9급
19 지방직 7급
18 국가직 9급
17 지방직 9급
16 법원직 9급 / 지방직 7급
14 경찰직 2차
13 법원직 9급
09 지방직 7급

☑ 목적격 보어에 원형부정사/be p.p.가 왔는지 확인 to RV X, p.p. X

· Thanks for **letting** me **to spend** the night at your place.   X
· Thanks for **letting** me **spend** the night at your place.   O
    너희 집에서 재워줘서 고마워.
· They didn't **let** their requirements **known**.   X
· They didn't **let** their requirements **be known**.   O
    그들은 자신들의 요구 사항을 알리지 않았다.

기출 O/X

30 The mother made her daughter to clean her room. 20 지방직 7급   O / X

31 과거 경력 덕분에 그는 그 프로젝트에 적합하였다.   O / X
    → His past experience made him suited for the project. 23 지방직 9급

32 A woman with the tip of a pencil stuck in her head has finally had it remove. 23 국가직 9급   O / X

33 네가 내는 소음 때문에 내 집중력을 잃게 하지 말아라.   O / X
    → Don't let me distracted by the noise you make. 21 지방직 9급

030

get

☑ 목적격 보어에 to RV/p.p.가 왔는지 확인 [원형부정사 X]

· We can **get** him **sign** the agreement.   X
· We can **get** him **to sign** the agreement.   O
  우리는 그가 협정에 서명하도록 할 수 있다.

· It will take a long time to **get** my computer **fix**.   X
· It will take a long time to **get** my computer **fixed**.   O
  내 컴퓨터를 고치려면 시간이 오래 걸릴 것이다.

☑ 2형식으로 쓰인 경우, 보어에 형용사가 왔는지 확인 [부사 X]

· It is **getting coldly**.   X
· It is **getting cold**.   O
  날씨가 추워지고 있다.

031

help

☑ 뒤에 (to) RV 혹은 O (to) RV 구조 모두 가능에 유의

· We hope this **helps (to) clarify** the situation.   O
  우리는 이것이 그 상황을 명백히 하는 데에 도움이 되길 바란다.

· Can you **help** me **(to) find** my glasses?   O
  내 안경 찾는 것 좀 도와줄 수 있어?

> **➕ Further Study**
>
> ▶ help A with B : A가 B하는 것을 돕다
> Her brother offered to **help** her **with** her homework.   O
> 그녀의 오빠는 그녀가 숙제하는 것을 도와주겠다고 했다.

032

find

☑ [가목적어 - 진목적어] 구문에서

1 가목적어 it이 있는지 확인 `it 생략 X`

2 목적격 보어가 형용사인지 확인 `부사 X`

· I **find** offensive that only a few artists were mentioned.   X
· I **find** it offensive that only a few artists were mentioned.   O
나는 오직 소수의 예술가들만이 언급된 것을 불쾌하다고 생각한다.

☑ 목적격 보어에 RVing/p.p.가 왔는지 확인 `원형부정사 X`

· I **found** him sit on a chair.   X
· I **found** him sitting on a chair.   O
나는 그가 의자에 앉아 있는 것을 발견했다.

+ Further Study

▶ 「find(발견하다)의 과거인지」 vs 「found(설립하다)인지」 확인

┌ find – found – found : 발견하다
└ found – founded – founded : 설립하다, 세우다

The castle was found on solid rock.   X
The castle was founded on solid rock.   O
그 성은 견고한 암석 위에 세워졌다.

기출 O/X

34 내 컴퓨터가 작동을 멈췄을 때, 나는 그것을 고치기 위해 컴퓨터 가게로 가져 갔어.   O / X
→ When my computer stopped working, I took it to the computer store to get it fixed. 17 지방직 9급

35 Developing a systematic plan also will help leaders prioritize the importance of   O / X
different goals. 16 교행직 9급

36 Top software companies are finding increasingly challenging to stay ahead. 17 지방직 9급   O / X

033

think

14 국회직 9급
10 지방직 9급
09 국회직 8급 / 지방직 7급
08 국회직 8급
04 국가직 8급

☑ **[가목적어 - 진목적어] 구문에서**

1 가목적어 it이 있는지 확인 `it 생략 X`

· She **thought** interesting to be with him.   X
· She **thought** it interesting to be with him.   O
  그녀는 그와 함께 있는 것을 흥미롭다고 생각했다.

2 목적격 보어가 형용사인지 확인 `부사 X`

· She **thought** it **interestingly** to be with him.   X
· She **thought** it **interesting** to be with him.   O
  그녀는 그와 함께 있는 것을 흥미롭다고 생각했다.

☑ **[5형식 간주동사] 구문에서**

1 think of A as B의 경우, 전치사 as가 있는지 확인 `as 생략 X`

· I **think of** him my best friend.   X
· I **think of** him **as** my best friend.   O
  나는 그를 가장 친한 친구라고 생각한다.

2 수동태인 경우에도 전치사 of가 있는지 확인 `of 생략 X`

· He **has** always **been thought as** a sensible person.   X
· He **has** always **been thought of as** a sensible person.   O
  그는 항상 분별력 있는 사람으로 간주되어왔다.

3 think A (to be) B의 경우, 목적격 보어가 (to be) 형/명인지 확인 `as + 형/명 X`

· My parents **thought** me **as capable** of doing a degree.   X
· My parents **thought** me **(to be) capable** of doing a degree.   O
  우리 부모님은 내가 학위를 받을 수 있다고 생각하셨다.

➕ **Further** Study

▶ A를 B라고 간주하다

┌ look (up)on ┐   ┌ think ┐
├ regard   ├ A as B   ├ believe ├ A (to be) B
└ see   ┘   └ find ┘

☑ [do you think] 구문에서

■ 의문사가 문두로 이동했는지 확인

· **Do you think** who wrote this letter? X
· **Who** do you think wrote this letter? O

 이 편지를 누가 썼다고 생각해?

② 의문사의 격(주격 vs 목적격) 확인

· **Whom** do you think is the best professor in our college? X
· **Who** do you think is the best professor in our college? O

 당신은 우리 대학에서 누가 가장 훌륭한 교수라고 생각합니까?

③ What **do you think** of A? How X

· **How** do you think of Korea? X
· **What** do you think of Korea? O

 한국에 대해 어떻게 생각하니?

➕ Further Study

▶ A를 어떻게 생각하세요?

How do you think of[about] A? X
What do you think of[about] A? O
How do you feel about A? O

기출 O/X

37 I thought it uselessly to fight with them. 09 지방직 7급 O / X

38 Whom do you think is the best student in this class? 09 국회직 8급 O / X

034

rise/arise/raise

22 국가직 9급
21 국가직 9급
20 국가직 9급 / 지방직 7급
19 지방직 9급 / 국회직 8급
17 지방직 9급
16 국가직 7급
15 국회직 9급 / 국회직 8급
08 지방직 7급
05 국회직 8급

☑ 「자동사(rise/arise)인지」 vs 「타동사(raise)인지」 확인

· School fees will **raise** slightly this year.　　　　　　　　X
· School fees will **rise** slightly this year.　　　　　　　　O
　올해에는 등록금이 약간 오를 것이다.

· A subtle difference of opinion **has raised** between them.　　X
· A subtle difference of opinion **has arisen** between them.　　O
　그들 사이에 미묘한 의견 차이가 생겼다.

· A gentleman doesn't **rise** his voice.　　　　　　　　X
· A gentleman doesn't **raise** his voice.　　　　　　　　O
　신사는 목소리를 높이지 않는다.

> **➕ Further Study**
>
> ┌ rise - rose - risen : [자동사] 오르다, 일어나다
> ├ arise - arose - arisen : [자동사] 생기다, 발생하다
> └ raise - raised - raised : [타동사] 들어 올리다, 일으키다

035

wait/await

17 국회직 9급
13 서울시 9급 / 지방직 7급
12 국회직 9급 / 교행직 9급
11 지방직 9급

☑ **wait**는 자동사로 목적어 앞에 **전치사 for**가 왔는지 확인 `for 생략 X`

· We spent almost an hour just **waiting** the bus.　　　　X
· We spent almost an hour just **waiting for** the bus.　　　O
　우리는 버스를 기다리는 데만 거의 한 시간을 보냈다.

☑ **await**는 완전타동사임에 유의 `await for X`

· A warm welcome **awaits for** all our guests.　　　　　X
· A warm welcome **awaits** all our guests.　　　　　　O
　따뜻한 환영이 저희의 모든 손님들을 기다리고 있습니다.

036

lie/lay

☑ 「자동사(lie)인지」 vs 「타동사(lay)인지」 확인

· Now the town **laid** in ruins.   X
· Now the town **lay** in ruins.   O
  이제 그 마을은 폐허가 되었다.

· He **lied** the money on the table.   X
· He **laid** the money on the table.   O
  그는 탁자 위에 돈을 올려놓았다.

· Statistics can often lay.   X
· Statistics can often lie.   O
  통계 자료도 종종 거짓말할 수 있다.

➕ **Further** Study

─ lie - lied - lied : [자동사] 거짓말하다
─ lie - lay - lain : [자동사] 눕다, 놓여 있다
└ lay - laid - laid : [타동사] ~을 놓다; 알을 낳다

기출 O / X

39 He said he would rise my salary because I worked hard. 21 국가직 9급   O / X

40 몇 가지 문제가 새로운 회원들 때문에 생겼다.   O / X

   → Several problems have raised due to the new members. 20 국가직 9급

41 I like that you will await for me. 17 국회직 9급   O / X

42 Chaera lay down on the bed and took a nap yesterday. 18 경찰직 1차   O / X

037

remember

22 간호직 8급
17 국회직 9급
16 국가직 9급
14 사복직 9급
13 기상직 9급
12 교행직 9급
09 국가직 9급

☑ 해석을 통해 뒤에 「to RV인지」 vs 「동명사인지」 확인

· He never **remembered to lock** the door when he went out.　　O
　그는 외출할 때 항상 문을 잠그는 것을 깜빡했다.

· She **remembers seeing** him leave an hour ago.　　O
　그녀는 한 시간 전에 그가 떠나는 것을 봤던 것을 기억한다.

➕ **Further** Study

┌ remember to RV : ~하기로 한 것을 기억하다 (아직 일어나지 않음)
└ remember RVing : ~한 것을 기억하다 (이미 일어남)

038

forget

08 서울시 9급
05 국가직 7급

☑ 해석을 통해 뒤에 「to RV인지」 vs 「동명사인지」 확인

· Don't **forget to lock up** when you leave.　　O
　나갈 때 문 잠그는 것 잊지 마.

· I'll never **forget meeting** him for the first time.　　O
　그를 처음 만났던 때를 결코 잊을 수 없을 것이다.

➕ **Further** Study

┌ forget to RV : ~하기로 한 것을 잊다 (아직 일어나지 않음)
└ forget RVing : ~한 것을 잊다 (이미 일어남)

039

regret

20 지방직 9급
17 국가직 9급
15 지방직 9급
09 지방직 9급
05 국가직 7급

☑ 해석을 통해 뒤에 「to RV인지」 vs 「동명사인지」 확인

· I **regret to inform** you that the proposal was rejected.　　O
　나는 당신에게 그 제안이 거절되었다고 알리게 되어 유감스럽다.

· I have always **regretted giving up** my piano lessons.　　O
　나는 피아노 레슨을 그만둔 것을 항상 후회해왔다.

➕ **Further** Study

┌ regret to RV : ~하게 되어 유감이다 (아직 일어나지 않음)
└ regret RVing : ~한 것을 후회하다 (이미 일어남)

040

stop

22 간호직 8급
18 서울시 7급
17 지방직 9급
15 국가직 9급
14 서울시 9급 / 기상직 9급
14 법원직 9급 / 지방직 7급
13 법원직 9급

☑ 해석을 통해 뒤에 「to RV인지」 vs 「동명사인지」 확인

· I **stopped to rest** for a few minutes.   O
  나는 몇 분간 쉬기 위해 멈췄다.

· I **stopped** going to church after I left home.   O
  나는 집을 떠난 후에 교회 다니는 것을 그만두었다.

➕ **Further Study**

┌ stop to RV : ~하기 위해 멈추다 (아직 일어나지 않음)
└ stop RVing : ~하는 것을 멈추다 (이미 일어남)

☑ **stop O from RVing 구조인지 확인** `to RV X`

· People **stopped** him **to go in**.   X
· People **stopped** him **from going in**.   O
  사람들은 그가 들어가는 것을 막았다.

`기출 O/X`

43 나는 그를 전에 어디에서도 본 기억이 없다.   O / X
   → I don't remember seeing him anywhere before. 22 간호직 8급

44 I couldn't find any vegetables in the refrigerator, which means my wife must have   O / X
   forgotten buying some on her way home. 08 서울시 9급

45 나는 네 열쇠를 잃어버렸다고 네게 말한 것을 후회한다.   O / X
   → I regret to tell you that I lost your key. 20 지방직 9급

46 나는 말하던 것을 멈추고 주위를 둘러보았다.   O / X
   → I stopped to talk and looked around. 22 간호직 8급

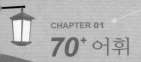

041

hardly

23 국가직 9급
18 서울시 9급 / 국회직 9급
18 지방직 7급
17 국가직 9급
16 국가직 7급
12 국가직 9급 / 교행직 9급
11 서울시 9급 / 사복직 9급
09 국회직 8급
08 국회직 8급 / 경찰직 1차

☑️ [Hardly + had + S + p.p. + when/before + S + 과거] 구문에서

1 hardly가 문두에 오는 경우, 주어와 동사의 도치 확인

· **Hardly** she had sat down **when** the phone rang.　　　X
· **Hardly** had she sat down **when** the phone rang.　　　O
그녀가 앉자마자 전화벨이 울렸다.

2 hardly 다음에 과거완료시제인지 확인 `과거시제 X`

· **Hardly** did he see me **when** he ran away.　　　X
· **Hardly** had he seen me **when** he ran away.　　　O
그는 나를 보자마자 달아났다.

3 상관어구가 when/before인지 확인 `than X`

· **Hardly** had I got in the house **than** it started raining.　　　X
· **Hardly** had I got in the house **when** it started raining.　　　O
내가 집에 들어오자마자 비가 내리기 시작했다.

☑️ not이나 never가 없는지 확인 `부정어 중복 X`

· I could **hardly** not know the people I'm working with.　　　X
· I could **hardly** know the people I'm working with.　　　O
나는 나와 함께 일하고 있는 사람들을 거의 모른다.

☑️ hard와 구별

· He **hardly** studied for the exam.　　　O
그는 시험공부를 거의 하지 않았다.

· He studied **hard** for the exam.　　　O
그는 시험을 위하여 열심히 공부하였다.

➕ **Further Study**

┌ hardly : ⊕ 거의 ~않다
└ hard : ⑱ 단단한; 힘든 ⊕ 열심히

042

scarcely

20 지방직 7급 / 경찰직 2차
19 서울시 9급

☑ **[Scarcely + had + S + p.p. + when/before + S + 과거] 구문에서**

1 scarcely가 문두에 오는 경우, 주어와 동사의 도치 확인

· **Scarcely** he had sat down **when** there was a knock at the door.   X
· **Scarcely** had he sat down **when** there was a knock at the door.   O
  그가 자리에 앉자마자 노크 소리가 들려왔다.

2 scarcely 다음에 과거완료시제가 쓰였는지 확인 `과거시제 X`

· **Scarcely** did the game start **when** it began to rain.   X
· **Scarcely** had the game started **when** it began to rain.   O
  경기가 시작되자마자 비가 오기 시작했다.

3 상관어구가 when/before인지 확인 `than X`

· **Scarcely** had she escaped **than** she was caught.   X
· **Scarcely** had she escaped **when** she was caught.   O
  도망치기가 무섭게 그녀는 붙잡혔다.

기출 O/X

47   Hardly did I close my eyes when I began to think of her. 23 국가직 9급   O / X

48   The discussion of real policy choices in a public manner has hardly never occurred. 18 서울시 9급   O / X

49   Having just learned to drive and hard ever having the opportunity to use the car,   O / X
     I readily accepted. 11 사복직 9급

50   Scarcely had we reached there when it began to snow. 19 서울시 9급   O / X

51   Scarcely had we gone out before it began to rain. 20 경찰직 2차   O / X

70⁺ 어휘

043

no sooner

22 지방직 9급
20 경찰직 1차
17 지방직 7급
15 사복직 9급
13 국회직 9급
12 교행시 9급
11 서울시 9급
08 지방직 7급
06 국가직 9급
05 서울시 9급

☑ [No sooner + had + S + p.p. + than + S + 과거] 구문에서

1 **no sooner**가 문두에 오는 경우, 주어와 동사의 도치 확인

· **No sooner** he had sat down **than** the phone rang.　　　　　　X
· **No sooner** had he sat down **than** the phone rang.　　　　　　O
　그가 자리에 앉자마자 전화가 울렸다.

2 **no sooner** 다음에 과거완료시제인지 확인 과거시제 X

· **No sooner** did he go out **than** it started raining.　　　　　　X
· **No sooner** had he gone out **than** it started raining.　　　　　O
　그가 나가자마자 비가 내리기 시작했다.

3 상관어구가 than인지 확인 when/before X

· **No sooner** had he opened the door **before** it began to rain.　　X
· **No sooner** had he opened the door **than** it began to rain.　　O
　그가 문을 열자마자 비가 오기 시작했다.

> **+ Further Study**
>
> ▶ 'A하자마자 B하다'의 구문인지 확인
>
> ┌ No sooner A[과거완료] than B[과거]
> ├ Hardly/Scarcely A[과거완료] when/before B[과거]
> └ As soon as A[과거] B[과거]
>
> 그가 자리에 앉자마자 전화가 울렸다.
> → No sooner had he sat down than the phone rang.　　　　　　O
> → Hardly/Scarcely had he sat down when/before the phone rang.　　O
> → As soon as he sat down, the phone rang.　　　　　　　　　　　O

044

as soon as

17 국가직 9급
12 사복직 9급

☑ 뒤에 현재시제가 쓰였는지 확인 미래시제 X

· I will send him the book **as soon as** I will receive payment.　　X
· I will send him the book **as soon as** I receive payment.　　　　O
　내가 돈을 받는 대로 그에게 책을 보낼 것이다.

045

not until

20 경찰직 2차
18 기상직 9급
14 사복직 9급
13 국회직 9급 / 국가직 9급
12 교행직 9급
08 국회직 8급

☑ 문두에 오는 경우, 주어와 동사의 도치 확인

· **Not until** yesterday **I learned** the news.　　　　　X
· **Not until** yesterday **did I learn** the news.　　　　　O
　어제가 되어서야 나는 그 소식을 알게 됐다.

☑ It is[was] not until A that B 구문에서 해석 확인

그는 20살이 되어서야 비로소 글을 쓰기 시작했다.

→ It was **not until** he was twenty **that** he started to write.　　O

> ⊕ **Further** Study
>
> ▶ It is[was] not until A that B : A하고 나서야 비로소 B하다

기출 O/X

52　식사를 마치자마자 나는 다시 배고프기 시작했다.　　　　　　　　　　　O / X

　　→ No sooner I have finishing the meal than I started feeling hungry again. 22 지방직 9급

53　As soon as I will get all the vaccinations, I will be leaving for a break. 12 사복직 9급　　O / X

54　그가 핸드폰을 택시에 두고 내린 것을 안 것은 집에 도착해서였다.　　　　　O / X

　　→ It was not until he arrived home that he found he'd left his cell phone in the taxi. 18 기상직 9급

70⁺ 어휘

046

시간명사 + ago

19 지방직 7급 / 서울시 7급
18 지방직 9급
15 국가직 9급
12 지방직 7급
11 서울시 9급
05 서울시 9급

☑ **과거시제인지 확인** 현재완료시제 X

· He **has gone** out **half an hour ago.**　　X
· He **went** out **half an hour ago.**　　O
　그는 30분 전에 외출했다.

047

last + 시간명사

22 간호직 8급
20 국가직 9급 / 지방직 9급
20 국가직 9급
19 국가직 9급 / 경찰직 1차
18 지방직 9급
15 국가직 9급
14 국가직 9급
13 지방직 9급 / 국가직 9급
12 국가직 9급 / 교행직 9급
04 국가직 9급
02 국가직 7급

☑ **과거시제인지 확인** 현재완료시제 X

· He **has slept** like a log **last night.**　　X
· He **slept** like a log **last night.**　　O
　그는 어젯밤에 곯아떨어졌다.

048

in + 과거연도

21 지방직 9급
17 국가직 9급
15 국가직 9급 / 교행직 9급
14 국가직 9급 / 국가직 7급
11 지방직 9급
07 법원직 9급

☑ **과거시제인지 확인** 현재완료시제 X

· He **has visited** Russia **in 1927.**　　X
· He **visited** Russia **in 1927.**　　O
　그는 1927년에 러시아를 방문했다.

049

for[over] the last[past] + 기간

18 지방직 9급 / 서울시 9급
15 국회직 9급
14 경찰직 2차
97 국가직 7급

☑ **현재완료시제인지 확인** 과거시제 X

· **For the last twenty years** the government **was** unstable. X
· **For the last twenty years** the government **has been** unstable. O
  지난 20년 동안 정부는 불안정한 상태였다.

050

since

21 국가직 9급
19 국가직 9급
17 사복직 9급
08 국가직 7급
98 국가직 7급

☑ **과거시제로 쓰인 경우, 주절이 현재완료시제인지 확인** 과거시제 X

· My life **was** an empty shell **since** she **died**. X
· My life **has been** an empty shell **since** she **died**. O
  그녀가 죽은 이후로 내 삶은 텅 빈 껍데기였다.

➕ **Further Study**

▶ Since(전치사) + N, S + V(현재완료)
Since last year, house prices have doubled. O
작년 이후로, 집값이 두 배로 뛰었다.

기출 O/X

55 I have successfully completed writing the book three weeks ago. 11 서울시 9급 O / X

56 어젯밤에 경찰은 행방불명된 소녀를 찾았다고 말했다. O / X
→ Last night the police have said that they had found the missing girl. 19 경찰직 1차

57 Beekeepers in the United States first noticed that their bee colonies have been O / X
dying off in 2006. 15 교행직 9급

58 For the last fifty years, advances in chemistry brought many positive changes O / X
to the American lifestyle. 14 경찰직 2차

59 I was born in Taiwan, but I have lived in Korea since I started work. 21 국가직 9급 O / X

051

unless

19 서울시 7급
16 기상직 7급
15 국가직 9급 / 서울시 9급
12 경찰직 2차 / 교행직 9급
05 대구시 9급

☑ not이나 never가 없는지 확인 `부정어 중복 X`

· I sleep with the window open **unless** it's **not** really cold.　　X
· I sleep with the window open **unless** it's really cold.　　O
　 나는 너무 춥지 않으면 창문을 열어놓고 잔다.

☑ 뒤에 현재시제가 쓰였는지 확인 `미래시제 X`

· He will not go **unless** you **will go** with him.　　X
· He will not go **unless** you **go** with him.　　O
　 네가 함께 가지 않는다면 그는 가지 않을 것이다.

☑ lest와 의미 구별

· I'll drop by your place **unless** you are busy.　　O
　 네가 바쁘지 않으면 너희 집에 들르겠다.

· I worked very hard **lest** I (should) fail the exam.　　O
　 나는 시험에 떨어지지 않으려고 열심히 공부했다.

052

lest

21 경찰직 1차
19 지방직 9급
17 서울시 7급
15 국가직 9급
13 국가직 7급

☑ not이나 never가 없는지 확인 `부정어 중복 X`

· She closed the window **lest** people shouldn't see her.　　X
· She closed the window **lest** people see her.　　O
　 그녀는 사람들이 자신을 보지 못하도록 창문을 닫았다.

☑ unless와 의미 구별

나는 그녀가 전화를 놓치지 않도록 라디오의 음량을 낮추었다.

→ I turned the radio down **unless** she miss the phone ringing.　　X
→ I turned the radio down **lest** she (should) miss the phone ringing.　　O

> **➕ Further Study**
>
> ┌ lest S (should) RV : ~하지 않도록
> └ unless : ~하지 않으면

053

if

☑ 부사절로 쓰인 경우

1 가정법인지 확인

ⓐ 해석을 통해 **직설법**인지, **가정법**인지 구별

ⓑ 주절에 **조동사의 과거형** 혹은 **조동사의 과거형 + have p.p.**가 있는지 확인

ⓒ if절에 were, 과거동사 혹은 had p.p.가 있으면, 주절에 **조동사의 과거형** 혹은 **조동사의 과거형 + have p.p.**가 있는지 확인

· If I **were** rich enough, I **would have bought** the car.　　X
· If I **were** rich enough, I **would buy** the car.　　O
　돈이 넉넉하면 그 차를 살 텐데.

2 가정법이 아닌 경우, 현재시제인지 확인 미래시제 X

· If you **will do**, you'll be necessarily discreet about it.　　X
· If you **do**, you'll be necessarily discreet about it.　　O
　네가 만약 그런다면, 너는 반드시 그것에 대해 신중할 것이다.

☑ 명사절로 쓰인 경우

1 타동사의 목적어인지 확인 주어·보어·전치사의 목적어 X

· If you drink is up to you and your doctor.　　X
· **Whether** you drink is up to you and your doctor.　　O
　당신이 술을 마셔도 되는지 아닌지는 당신과 당신의 의사에게 달려있다.

2 내용상 미래시제일 경우 미래시제인지 확인 현재시제 X

· I wonder **if** she finishes the work by tonight.　　X
· I wonder **if** she will finish the work by tonight.　　O
　나는 그녀가 오늘 밤까지 그 일을 끝마칠지 궁금하다.

기출 O/X

60 The investigation had to be handled with the utmost care lest suspicion be aroused. 19 지방직 9급　O / X

61 당신이 바쁘지 않으면 오늘 저녁에 당신 집에 들르겠다.
　　→ I'll drop by your place this evening lest you should be busy. 13 국가직 7급　O / X

62 If I had enough money, I would have bought a fancy yacht. 16 국가직 7급　O / X

63 He has to write an essay on if or not the death penalty should be abolished. 21 국가직 9급　O / X

054

would rather

22 서울시 9급
21 경찰직 1차
19 서울시 9급 / 서울시 7급
16 지방직 9급
11 국가직 9급
00 국가직 7급

☑ 뒤에 원형부정사가 왔는지 확인 to RV X

· He **would rather** to stay home tonight.   X
· He **would rather** stay home tonight.   O
그는 오늘 밤에 집에 있는 게 낫다고 생각할 것이다.

☑ would rather RV than RV 구조로 쓰였는지 확인 to RV X

· I **would rather** keep silent **than** to do such mean things.   X
· I **would rather** keep silent **than** do such mean things.   O
나는 그런 비열한 짓을 할 바에야 차라리 침묵하겠다.

➕ **Further** Study

┌ would rather RV : ~하는 것이 낫다
└ would rather not RV : ~하지 않는 것이 낫다

055

had better

23 국가직 9급
17 국회직 9급
15 지방직 9급
12 기상직 9급
11 교행직 9급 / 국회직 8급
07 국회직 8급 / 인천시 9급

☑ 뒤에 원형부정사가 왔는지 확인 to RV X

· He**'d better** to phone Julie to say he'll be late.   X
· He**'d better** phone Julie to say he'll be late.   O
그는 Julie에게 전화해서 늦을 거라고 말하는 것이 더 좋겠다.

➕ **Further** Study

┌ had better RV : ~하는 것이 낫다
└ had better not RV : ~하지 않는 것이 낫다

056

should have p.p.

23 지방직 9급
21 경찰직 2차
20 경찰직 1차
18 지방직 9급
14 사복직 9급
13 기상직 9급
08 국가직 9급

☑ must have p.p.와 의미 구별

너는 나에게 바로 전화했어야 했다.

→ You **must have called** me right away.   X
→ You **should have called** me right away.   O

➕ **Further** Study

┌ should have p.p. : ~했어야 했는데 (안 했다)
└ must have p.p. : ~했음이 틀림없다

057

used to

23 지방직 9급
20 국가직 9급 / 지방직 9급
20 지방직 7급
19 국회직 8급
16 국가직 7급 / 지방직 9급
15 지방직 7급
14 국회직 9급 / 국가직 7급
11 경찰직 2차
09 국가직 9급
07 법원직 9급
05 국가직 9급

☑ 3가지 용법에 유의

라이터가 불을 피우는 데 사용되었다.

→ The cigarette lighter **used to** start the fire.   X

→ The cigarette lighter **was used to** start the fire.   O

그는 승인을 요청하기 전에 일을 처리하곤 했다.

→ He **used to acting** before asking for approval.   X

→ He **used to act** before asking for approval.   O

나는 한 달에 한 번 시험을 치는 것에 익숙하다.

→ I **am used to** take the test once a month.   X

→ I **am used to taking** the test once a month.   O

+ Further Study

▶ **be used to RV** vs **used to RV** vs **be used to RVing**

be used to RV	~하는 데 사용되다
used to RV	~하곤 했다
be[get] used[accustomed] to RVing	~하는 데 익숙하다[익숙해지다]

기출 O/X

64   너는 그녀와 함께 가느니 차라리 집에 머무는 것이 낫겠다.   O / ✕

→ You would rather stay at home than to go with her. 21 경찰직 1차

65   너는 비가 올 경우에 대비하여 우산을 갖고 가는 게 낫겠다.   O / ✕

→ You had better to take an umbrella in case it rains. 23 국가직 9급

66   I should have gone this morning, but I was feeling a bit ill. 23 지방직 9급   O / ✕

67   They used to loving books much more when they were younger. 20 지방직 9급   O / ✕

68   I am used to get up early everyday. 16 지방직 9급   O / ✕

058

demand

18 경찰직 1차
17 법원직 9급
16 국가직 9급
15 사복직 9급
14 국회직 8급
13 기상직 9급
11 경찰직 1차
07 서울시 9급

☑ **목적어가 that절인 경우, that S + (should) RV 구조인지 확인**

· We **demanded that** the government **released** all political prisoners. **X**
· We **demanded that** the government **release** all political prisoners. **O**
　우리는 정부가 모든 정치범들을 석방해야 한다고 요구했다.

059

recommend

23 국가직 9급
17 기상직 9급 / 지방직 7급
16 서울시 7급
06 국가직 9급

☑ **목적어가 that절인 경우, that S + (should) RV 구조인지 확인**

· I **recommend that** he **buys** a more powerful phone.　　　　**X**
· I **recommend that** he **(should) buy** a more powerful phone.　**O**
　나는 그가 사양이 더 좋은 핸드폰을 사는 것을 권장한다.

060

insist

17 국가직 9급
13 국가직 9급
12 국가직 9급
09 지방직 9급
08 지방직 7급
02 국가직 9급

☑ **목적어가 that절인 경우, that S + (should) RV 구조인지 확인
　(당위·의무의 의미에 한정)**

· They **insisted that** action **was** taken immediately.　　　　**X**
· They **insisted that** action **(should) be** taken immediately.　**O**
　그들은 조치가 즉시 취해져야 한다고 주장했다.

☑ **뒤에 on RVing가 왔는지 확인** to RV X

· She **insisted for me to wear** the helmet on a motorcycle.　　**X**
· She **insisted on my wearing** the helmet on a motorcycle.　　**O**
　그녀는 내가 오토바이를 탈 때 헬멧을 쓰도록 요구했다.

061

suggest

20 국회직 9급
19 서울시 7급
17 법원직 9급
16 국가직 7급 / 지방직 9급
14 지방직 7급
13 경찰직 2차
12 국가직 7급 / 지방직 7급

☑ **목적어가 that절인 경우, that S + (should) RV 구조인지 확인 (당위·의무의 의미에 한정)**

· She **suggested that** we are ready to go for a stroll after lunch.   X
· She **suggested that** we be ready to go for a stroll after lunch.   O
  그녀는 우리가 점심을 먹은 후 산책 갈 준비를 할 것을 제안했다.

☑ **뒤에 동명사가 왔는지 확인** to RV X

· If there is a problem, we **suggest** to contact the manufacturer.   X
· If there is a problem, we **suggest** contacting the manufacturer.   O
  만약 문제가 있다면, 제조업자와 연락하는 것을 추천합니다.

☑ **3형식으로 쓰였는지 확인** 4형식 X, 5형식 X

· The doctor **suggests** the patient that he should take a rest.   X
· The doctor **suggests** to the patient that he should take a rest.   O
  의사는 환자에게 그가 휴식을 취해야만 한다고 제안했다.

· We **suggest** you to take a copy of the final invoice.   X
· We **suggest** (that) you take a copy of the final invoice.   O
  우리는 당신이 최종 송장의 사본을 만들 것을 추천한다.

기출 O/X

69 시민들은 그 파출소가 폐쇄되어서는 안 된다고 요구했다.   O / X
→ Citizens demanded that the police box was not closed. 18 경찰직 1차

70 The broker recommended that she buy the stocks immediately. 23 국가직 9급   O / X

71 장관은 교통문제를 해결하기 위해 강 위에 다리를 건설해야 한다고 주장했다.   O / X
→ The minister insisted that a bridge be constructed over the river to solve the traffic problem. 17 국가직 9급

72 그는 새로운 정책이 모든 노동자들을 위해 이행되어야 한다고 제안했다.   O / X
→ He suggested that the new policy is implemented for all workers. 12 국가직 7급

73 She suggested going out for dinner after the meeting. 16 지방직 9급   O / X

70⁺ 어휘

062

avoid

14 서울시 9급
07 서울시 9급 / 인천시 9급

☑ 목적어에 동명사가 왔는지 확인 `to RV X`

· He's gone away to **avoid** to talk to her.　　**X**
· He's gone away to **avoid** talking to her.　　**O**
　그는 그녀와 말하는 것을 피하기 위해 자리를 떠났다.

063

be busy

19 지방직 9급
09 경찰직 1차
08 국가직 7급 / 경찰직 2차

☑ 뒤에 동명사가 왔는지 확인 `to RV X`

· They **are busy** to prepare for the party.　　**X**
· They **are busy** preparing for the party.　　**O**
　그들은 파티를 준비하느라 바쁘다.

> **➕ Further Study**
>
> ▶ ~하느라 바쁘다
>
> ┌ be busy (in) RVing
> └ be busy with 명사

064

look forward to

21 국가직 9급
19 경찰직 1차
18 지방직 9급
16 경찰직 1차
15 국가직 9급
14 경찰직 2차
10 국가직 9급
08 지방직 9급
07 법원직 9급

☑ 전치사 to 뒤에 동명사가 왔는지 확인 `원형부정사 X`

· He was **looking forward to** return home.　　**X**
· He was **looking forward to** returning home.　　**O**
　그는 집에 돌아가기만을 학수고대하고 있었다.

065

object to

20 경찰직 2차
11 국가직 9급
04 경기 9급

☑ 전치사 to 뒤에 동명사가 왔는지 확인 원형부정사 X

· The workers **objected to** work nights.　　　　　　　　　X
· The workers **objected to** working nights.　　　　　　　　O
직원들은 야근하는 것에 반대했다.

➕ **Further** Study

▶ ~에 반대하다
　┌ object to RVing
　└ be opposed to RVing

기출 O/X

74　We can all avoid doing things that we know damage the body. 14 서울시 9급　　O / X

75　I am busy preparing for a trip to Europe. 19 지방직 9급　　O / X

76　I look forward to receive your reply as soon as possible. 21 국가직 9급　　O / X

77　The criminal suspect objected to give an answer when questioned by the police. 20 경찰직 2차　　O / X

066

who(m)

22 지방직 9급
20 지방직 9급 / 국회직 9급
19 지방직 7급
18 지방직 9급
17 지방직 9급 / 법원직 9급
17 지방직 7급
16 국가직 9급 / 국가직 7급
16 지방직 7급 / 기상직 7급
15 국회직 9급
14 사복직 9급 / 법원직 9급
14 국회직 9급
13 경찰직 1차 / 국가직 7급
13 지방직 7급 / 법원직 9급
12 서울시 9급 / 국회직 8급
12 지방직 7급 / 경찰직 1차

☑ '그런데 그 사람' 또는 '누구'로 해석되는지 확인

· I don't like people **who** smoke on the street.   O
  나는 길거리에서 담배를 피우는 사람들을 좋아하지 않는다.

· I want to know **who** will be appointed FIFA referees for this year.   O
  나는 누가 올해의 FIFA 심판으로 임명될지 알고 싶다.

☑ 뒤에 불완전한 문장이 왔는지 확인   완전한 문장 X

· There is a student **who** wants to see you.   O
  당신을 보고 싶어 하는 학생이 있다.

· The man **whom** we met yesterday is a famous poet.   O
  우리가 어제 만난 그 남자는 유명한 시인이다.

☑ 관계대명사의 격과 선행사가 사람인지 확인

· The man **who** lived there was a lawyer.   O
  그곳에 살던 남자는 변호사였다.

· I know the man **whom** he mentioned.   O
  나는 그가 언급한 그 남자를 알아요.

067

whose

20 경찰직 1차
18 소방직 9급 / 경찰직 1차
17 국가직 9급
16 교행직 9급
15 국회직 8급
14 국가직 7급
13 지방직 9급 / 경찰직 1차
13 국가직 7급
11 법원직 9급

☑ '그런데 그 명사의' 또는 '누구의'로 해석되는지 확인

· He is an old-fashioned man **whose** thoughts are all wasted.   O
  그는 시대에 뒤떨어진 사고를 가진 구시대적인 사람이다.

· I want to know **whose** idea is the best.   O
  나는 누구의 아이디어가 가장 좋은지 알고 싶다..

☑ 'whose + 명사' 뒤에 불완전한 문장이 왔는지 확인   완전한 문장 X

· It is the house **whose roof** is painted blue.   O
  그것은 지붕이 파란색으로 칠해진 집이다.

· I want to work for a company **whose products** I trust.   O
  나는 내가 신뢰하는 제품을 가진 회사에서 일하고 싶다.

which

☑ '그런데 그 명사' 또는 '어느 것/어떤'으로 해석되는지 확인

· This is the key **which** fits the lock.　　　　　　　　　　　　ㅇ
　이것은 자물쇠에 맞는 열쇠이다.
· **Which** is the most important crop in this continent?　　　　ㅇ
　어느 것이 이 대륙에서 가장 중요한 곡물입니까?
· We begin to deliberate **which** pleasures are most important to us.　ㅇ
　우리는 어떤 기쁨이 우리에게 가장 중요한지를 숙고하기 시작한다.

☑ 뒤에 불완전한 문장이 왔는지 확인 완전한 문장 X

· I looked at the file **which** he gave it to me yesterday.　　　X
· I looked at the file **which** he gave to me yesterday.　　　　ㅇ
　나는 그가 어제 나에게 준 파일을 보았다.

☑ 선행사가 사물이거나, 구·절인지 확인 사람 X

· **The task which** confronts him is not different from **that which** faced his predecessor.　　　　　　　　　　　　　　　　　　ㅇ
　그가 직면한 그 업무는 그의 전임자가 직면했던 것과 다르지 않다.
· **We had much rain last week, which** caused lots of plants to bloom.　ㅇ
　지난주에 많은 비가 내렸는데, 그것은 많은 식물이 꽃 피우도록 유발했다.

기출 O / X

78　월급을 두 배 받는 그 부서장이 책임을 져야 한다.　　　　　　　　ㅇ / X
　→ The head of the department, who receives twice the salary, has to take responsibility. 17 지방직 9급

79　우리가 가장 존경하는 선생님께서 지난달에 은퇴하셨다.　　　　　　ㅇ / X
　→ The teacher whose we respect most retired last month. 18 경찰직 1차

80　They saw a house which windows were all broken. 21 경찰직 1차　　ㅇ / X

81　I do aerobics three times a week, which makes me stay in shape. 15 경찰직 3차　ㅇ / X

☑ 앞에 명사가 있는지 확인(관계대명사 → 뒤에 불완전한 문장)

· Look at **the cat what** is coming this way.   X
· Look at **the cat that** is coming this way.   O
  이쪽으로 오고 있는 고양이를 봐라.

> ➕ **Further Study**
>
> ▶ 동격의 접속사 that을 취하는 주요 명사들 : 명사 + that + 완전한 문장
>
> fact, truth, belief, idea, notion, opinion, evidence, proof, suggestion, requirement, demand, conviction, news, criticism, possibility, hypothesis

☑ 앞에 동사가 있는지 확인(명사절을 이끄는 접속사 → 뒤에 완전한 문장)

· Experts **say that** light exercise can extend your lifespan.   O
  전문가들은 가벼운 운동이 당신의 수명을 연장시킬 수 있다고 말한다.

☑ 앞에 콤마 또는 전치사가 없는지 확인 콤마 X, 전치사 X

· This is the new table **with that** I am satisfied.   X
· This is the new table **that** I am satisfied **with**.   O
· This is the new table **with which** I am satisfied.   O
  이것은 내가 만족해하는 새 식탁이다.

· The book, **that** I read last night, was exciting.   X
· The book, **which** I read last night, was exciting.   O
  내가 어젯밤에 읽은 그 책은 흥미로웠다.

cf '전치사 + that'을 허용하는 예외적인 경우

> ┌ in that : ~라는 점에서
> └ except that : ~라는 사실만 제외하고

070

what

☑ '~하는 것' 또는 '무슨·어떤, 무엇이/무엇을'로 해석되는지 확인

· **That** amazes me is his complete disregard for other opinions. **X**
· **What** amazes me is his complete disregard for other opinions. **O**
  나를 놀라게 하는 것은 그가 다른 의견을 완전히 무시한다는 점이다.
· We wanted to know **what** kinds of girls her sisters were. **O**
  우리는 그녀의 여동생들이 어떤 유형의 소녀들이었는지 알기 원했다.

☑ 뒤에 불완전한 문장이 왔는지 확인 [완전한 문장 X]

· Forcing children to eat **what** they don't like **it** is counterproductive. **X**
· Forcing children to eat **what** they don't like is counterproductive. **O**
  아이들에게 그들이 좋아하지 않는 것을 먹도록 강요하는 것은 역효과를 낳는다.
· Readers can choose **how** the main character looks like. **X**
· Readers can choose **what** the main character looks like. **O**
  독자들은 주인공의 모습이 어떤지를 선택할 수 있다.

☑ 앞에 선행사가 없는지 확인 [선행사 X]

· The only way to get **the thing what** you want is to take an active stand. **X**
· The only way to get **what** you want is to take an active stand. **O**
  당신이 원하는 것을 얻는 유일한 방법은 적극적인 입장을 취하는 것이다.

기출 O/X

82 그녀는 남들이 말하는 것을 쉽게 믿는다. O / X
→ She easily believes what others say. 22 국가직 9급

83 Anything what is unexplained is fascinating to people who love a mystery. 19 서울시 9급 O / X

84 For every mystery, there is someone trying to figure out that happened. 19 서울시 9급 O / X

85 One reason for upsets in sports is what the superior team may not have perceived their O / X
opponents as threatening. 23 지방직 9급

[071]

how

☑ 의문부사로 쓰인 경우

1 what과 구별 / however와 구별

· Louis understands **what** the system works.　　　　X
· Louis understands **how** the system works.　　　　O

　　Louis는 그 시스템이 작동하는 방법을 이해한다.

· The scientists showed **however** lasers could be used.　　X
· The scientists showed **how** lasers could be used.　　O

　　그 과학자들은 레이저가 어떻게 사용될 수 있는지를 보여주었다.

> **+ Further Study**
>
> ▶ 구조로 **how** vs **what** 구별
>
> ┌ how + 완전한 문장
> └ what + 불완전한 문장
>
> ▶ 해석으로 **how** vs **what** vs **however** 구별
>
> ┌ how : 얼마나, 어떻게
> ├ what : 무엇/것
> └ however : 아무리 ~할지라도

2 간접의문문으로 쓰인 경우, 평서문 어순인지 확인

· I told him **how** **did I feel** about their plight.　　X
· I told him **how** **I felt** about their plight.　　O

　　나는 그에게 그들의 곤경에 대해 내가 느꼈던 바를 말했다.

3 형용사나 **부사**가 바로 뒤에 있는지 확인

· It's hard to judge **how** she is **old**.　　X
· It's hard to judge **how** **old** she is.　　O

　　그녀가 몇 살인지 판단하기가 어렵다.

☑ 관계부사로 쓰인 경우, 앞에 **the way**가 없는지 확인 the way how X

· I don't like **the way how** he treats people.　　X
· I don't like **the way** he treats people.　　O
· I don't like **how** he treats people.　　O

　　나는 그가 사람들을 대하는 방식이 마음에 들지 않는다.

072

however

21 경찰직 2차
14 국가직 9급 / 지방직 9급

☑ **형용사나 부사가 바로 뒤에 있는지 확인**

· **However** you are **busy**, you must take a look at yourself.   X
· **However** **busy** you are, you must take a look at yourself.   O
아무리 바쁘더라도, 당신은 자기 자신을 살펴보아야만 한다.

☑ **how와 구별**

· **How** hungry you may be, you must eat slowly.   X
· **However** hungry you may be, you must eat slowly.   O
아무리 배가 고프다고 할지라도 천천히 먹어야 한다.

➕ **Further Study**

┌ how : 명사절
└ however : 부사절

☑ **however + 형 + a(n) + 명 어순인지 확인**

· **However** a strong **leader** he was, Napoleon was still human.   X
· **However** strong a **leader** he was, Napoleon was still human.   O
아무리 강한 지도자라고 하더라도, Napoleon은 여전히 인간이었다.

기출 O/X

86   I decided to climb up to the high diving tower to see how the view was like. 11 지방직 9급   O / X

87   They speculate about what the animals might have looked when they were alive. 19 서울시 9급   O / X

88   Do you realize how far is it to Hawaii? 08 국가직 7급   O / X

89   However you may try hard, you cannot carry it out. 14 지방직 9급   O / X

073

when

20 국가직 9급
18 경찰직 1차 / 경찰직 2차
17 경찰직 2차
13 국가직 9급
08 경찰직 2차

☑ '그런데 그 시간에' 또는 '언제'로 해석되는지 확인

· Sunday is the day **when** I am not so busy.　　　　O
　일요일은 내가 그렇게 바쁘지 않은 날이다.

· I don't remember **when** I saw the movie.　　　　O
　나는 그 영화를 언제 봤는지 기억이 안 난다.

☑ 뒤에 완전한 문장이 왔는지 확인

· I remember the day **which** I started my teaching life.　　X
· I remember the day **when** I started my teaching life.　　O
　나는 내가 교직 생활을 시작했던 그 날을 기억한다.

· Use plenty of wrapping **when** you pack fragile articles.　　O
　깨지기 쉬운 물건을 포장할 때는 포장지를 충분히 사용해라.

☑ 시간 부사절로 쓰인 경우, 현재시제인지 확인 미래시제 X

· **When** he will come back, I will leave here.　　　　X
· **When** he comes back, I will leave here.　　　　O
　그가 돌아오면, 나는 여기를 떠날 것이다.

cf 명사절 또는 형용사절로 쓰인 경우, 내용상 미래시제를 그대로 미래시제로 표기한다.

> Ask her **when** she will come back.　　　　O
> 그녀에게 언제 돌아오는지 물어봐.

☑ 간접의문문으로 쓰인 경우, 평서문 어순인지 확인

· We do not even know **when** did he die.　　　　X
· We do not even know **when** he died.　　　　O
　우리는 심지어 그가 언제 죽었는지도 모른다.

☑ When으로 시작하는 의문문의 시제 확인 현재완료 X

· **When** have you come back from your trip?　　　　X
· **When** did you come back from your trip?　　　　O
　언제 여행에서 돌아왔니?

074

where

☑ '그런데 그 장소에서' 또는 '어디에서'로 해석되는지 확인

· They lived near the shore **where** there were many shells.　　O
그들은 조개껍데기가 많이 있는 해안가 근처에 살았다.

· I didn't know **where** the incident happened.　　O
나는 그 사건이 어디에서 일어났는지 몰랐다.

☑ 뒤에 완전한 문장이 왔는지 확인

· A sweat lodge is a tent **which** Sioux Indians take a ritual sweat bath.　X
· A sweat lodge is a tent **where** Sioux Indians take a ritual sweat bath.　O
한증막은 Sioux족 원주민들이 의식적인 땀 빼기를 하는 텐트이다.

· He was not sure **where** his friends could learn how to spend their time wisely.　　O
그는 그의 친구들이 시간을 현명하게 보내는 방법을 어디에서 배울 수 있는지 확신할 수 없었다.

☑ 간접의문문으로 쓰인 경우, 평서문 어순인지 확인

· Do you know **where** is the bank?　　X
· Do you know **where** the bank is?　　O
은행이 어디에 있는지 아세요?

기출 O/X

90 I'll think of you when I'll be lying on the beach next week. 20 국가직 9급　　O / X

91 A CEO visited the factory which most of the company's products are manufactured. 21 경찰직 2차　O / X

92 This guide book tells you where should you visit in Hong Kong. 21 국가직 9급　　O / X

075

so

☑ so + 형 + a(n) + 명 어순인지 확인

· It was **so a boring film** that we fell asleep.　　　　　**X**
· It was **so boring a film** that we fell asleep.　　　　　**O**
　영화가 너무 지루해서 우리는 잠들었다.

☑ so ~ that 구문인지 확인　very X

· Death is **very** frightening **that** he never thinks of it.　　**X**
· Death is **so** frightening **that** he never thinks of it.　　　**O**
　죽음이란 것은 워낙 위협적이어서 그는 그것에 관해 절대 생각하지 않는다.

☑ [so + V + S] 긍정 동의 구문에서

■ 주어와 동사의 도치 확인

· He was a little upset, and **so** I was.　　　　　**X**
· He was a little upset, and **so** was I.　　　　　**O**
　그는 약간 화났고 나도 그랬다.

② 뒤에 대동사(be/do/have/조동사)가 맞게 쓰였는지 확인

· He **has been** ill, and **so** was his wife.　　　　**X**
· He **has been** ill, and **so** has his wife.　　　　**O**
　그는 줄곧 아팠는데 그의 아내도 그래왔다.

076

such

☑ such + a(n) + 형 + 명 어순인지 확인

· He's **such** nice a guy.　　　　　**X**
· He's **such** a nice guy.　　　　　**O**
　그는 정말 멋진 남자다.

077

easy/hard/ difficult

☑ [난이형용사] 구문에서

1 문장의 주어 확인 `to RV의 의미상 주어는 주어 자리에 X`

· **I am** not **easy** to meet my boss.   X
· **It is** not **easy** for me to meet my boss.   O
  내가 사장님을 만나는 것은 쉽지 않다.

2 to RV의 목적어가 주어로 오는 경우 to RV의 목적어가 없는지 확인 `목적어 중복 X`

· **The value of this picture** is **easy** for me to see it.   X
· **The value of this picture** is **easy** for me to see.   O
  이 그림의 가치를 알아보는 것은 내겐 쉬운 일이다.

3 진주어 자리에 to RV가 왔는지 확인 `that절 X`

· It would be **easy that** the team loses the game.   X
· It would be **easy** for the team **to lose** the game.   O
  그 팀이 그 경기에서 지는 것은 쉬울 것이다.

기출 O/X

---

93 Cindy는 피아노 치는 것을 매우 좋아했고 그녀의 아들도 그랬다.   O / X
→ Cindy loved playing the piano, and so her son did. 21 국가직 9급

94 그것은 너무나 아름다운 유성 폭풍이어서 우리는 밤새 그것을 보았다.   O / X
→ It was such a beautiful meteor storm that we watched it all night. 21 국가직 9급

95 그의 소설들은 읽기가 어렵다.   O / X
→ His novels are hard to read. 21 지방직 9급

96 우리가 영어를 단시간에 배우는 것은 결코 쉬운 일이 아니다.   O / X
→ It is by no means easy for us to learn English in a short time. 22 국가직 9급

078

(a) few

22 간호직 8급
20 경찰직 2차 / 소방직 9급
17 국가직 9급
16 국회직 8급
14 기상직 9급
13 국가직 9급 / 국가직 7급
13 지방직 7급
07 세무직 9급

☑ **뒤에 복수 명사가 왔는지 확인** 단수 명사 X

· Susan has **a few** bad tooth.　　　　　　　　　　　　**X**
· Susan has **a few** bad teeth.　　　　　　　　　　　　**O**
　Susan은 충치가 조금 있다.

☑ **few와 a few의 의미 구별**

· There were **few** people sitting at the back of the hall.　　**O**
　강당 뒤쪽에 앉아 있는 사람들이 거의 없었다.

· There were **a few** people sitting at the back of the hall.　　**O**
　강당 뒤쪽에 앉아 있는 사람들이 몇몇 있었다.

079

(a) little

20 경찰직 1차
19 지방직 7급
16 국가직 9급 / 국가직 7급
15 국가직 9급
14 국가직 7급
13 국가직 7급
12 국가직 7급
07 대구시 9급 / 인천시 9급

☑ **little이 문두에 오는 경우, 주어와 동사가 도치되었는지 확인**

· **Little** she knew that her life was about to change.　　**X**
· **Little** did she know that her life was about to change.　**O**
　그녀는 자신의 삶이 바뀔 것이라는 것을 거의 알지 못했다.

☑ **뒤에 불가산명사가 왔는지 확인** 복수 명사 X

· I'm going to give you **a few** advice.　　　　　　　　**X**
· I'm going to give you **a little** advice.　　　　　　　**O**
　너에게 약간의 조언을 해줄게.

> ➕ **Further Study**
> ┌ (a) few + 복수 명사(가산명사)
> └ (a) little + 단수 명사(불가산명사)

☑ **little과 a little의 의미 구별**

· I have **little** money.　　　　　　　　　　　　　　　**O**
　나는 돈이 거의 없다.

· I have **a little** money.　　　　　　　　　　　　　　**O**
　나는 돈이 조금 있다.

080

much

☑ 비교급 수식 가능 very X

· These shoes are **very more** comfortable.　　　　X
· These shoes are **much more** comfortable.　　　　O
이 신발들이 훨씬 더 편하다.

+ Further Study

┌ very + 원급
└ much + 비교급

☑ 뒤에 불가산명사가 왔는지 확인 복수 명사 X

· Too **much** informations confuses people.　　　　X
· Too **much** information confuses people.　　　　O
너무 많은 정보는 사람들을 혼란스럽게 한다.

+ Further Study

▶ ~은 말할 것도 없이

┌ 긍정문 + much[still] more
└ 부정문 + much[still] less

She **can** speak English, much less French.　　　　X
She **can** speak English, much more French.　　　　O
그녀는 불어는 말할 것도 없고, 영어도 할 수 있다.

기출 O/X

97 The speaker said a few thing that was interesting. 22 간호직 8급　　O / X

98 Little I dreamed that he had told me a lie. 20 경찰직 1차　　O / X

99 Jessica is a much careless person who makes little effort to improve her knowledge. 16 국가직 9급　　O / X

100 요즘에는 신문들이 광고에서 훨씬 더 적은 돈을 번다.　　O / X
→ Nowadays, newspapers make much less money from advertisements. 18 지방직 7급

081

other

☑ [비교급 + than any other + 단수 명사] 구문에서

1 뒤에 단수 명사가 왔는지 확인 복수 명사 X

· Mary is **taller than any other** girls in the class.　　　　　X
· Mary is **taller than any other** girl in the class.　　　　　O

　Mary는 반의 다른 어떤 소녀보다 키가 크다.

2 최상급으로 해석되는지 확인

· Water is **more** important **than any other thing.**　　　　O
· Water is **as** important **as any other thing.**　　　　　　O

　물은 다른 어느 것보다 더 중요하다.

> **+ Further Study**
>
> ▶ 다른 어느 ~보다 더 ~하다
>
> more ~ than[as ~ as] + ┌ any other + 단수 명사
> 　　　　　　　　　　　└ all the other + 복수 명사

☑ 뒤에 복수 명사가 왔는지 확인

· Collecting **other** clue is a top priority.　　　　　　　　X
· Collecting **other** clues is a top priority.　　　　　　　　O

　다른 단서들을 수집하는 것이 최우선이다.

cf 'other + 단수 명사'가 가능한 예외적 표현들

> ┌ 비교급 + than any other + 단수 명사
> ├ no other + 단수 명사
> └ 한정사 + other + 단수 명사

082

it/they[them]

☑ 대응어구의 수일치 확인 (it vs they, it vs them, its vs their)

· The more expensive **a restaurant** is, the better **their** service is.　　X
· The more expensive **a restaurant** is, the better **its** service is.　　　O

　식당은 비쌀수록, 그 서비스가 좋다.

[083]

enough

21 지방직 9급
20 지방직 7급
15 국회직 8급
13 국가직 9급 / 지방직 7급
09 국회직 9급

☑️ **부사로 쓰인 경우, 형용사 뒤에 쓰였는지 확인** 형용사 앞 X

· The pole was just **enough long** to reach the window.　　　　X
· The pole was just **long enough** to reach the window.　　　　O
　그 기둥은 창문에 닿을 만큼 충분히 길었다.

➕ **Further Study**

▶ enough가 형용사로 쓰인 경우, **명사 앞과 뒤에서 모두 수식 가능**

The police didn't have **enough** evidence to convict him.　　　　O
경찰은 그의 유죄를 입증할 충분한 증거를 갖고 있지 않았다.

There'll be time **enough** to talk later.　　　　O
나중에 충분히 말할 시간이 있을 거야.

기출 O/X

101 Mt. Everest is higher than any other mountains in the world. 20 경찰직 2차　　O / X

102 It is the nature of men that whenever they see profit, they cannot help　　O / X
chasing after them. 16 교행직 9급

103 Corporations manufacturing computers with toxic materials should arrange　　O / X
for its disposal. 14 지방직 7급

104 He felt enough comfortable to tell me about something he wanted to do. 21 지방직 9급　　O / X

084

during

17 국가직 9급
16 서울시 9급
15 기상직 9급 / 기상직 7급
14 국회직 8급
13 서울시 9급 / 국가직 9급
12 지방직 7급 / 국회직 9급

☑ for와 구별

· Please remain seated **for the performance.**   X
· Please remain seated **during the performance.**   O
공연 중에 자리를 떠나지 마세요.

☑ 전치사이므로 뒤에 명사(구)가 왔는지 확인 절 X

· **During you are eating**, you shouldn't speak.   X
· **While you are eating**, you shouldn't speak.   O
식사하는 동안에는 말을 해서는 안 된다.

> ➕ **Further** Study
>
> ┌ during + 특정 기간(한정사)
> └ for + 불특정 기간(숫자)
>
> ▶ ~하는 동안에
> ┌ during + 명사(구)
> └ while + (S + V), (RVing/p.p.), (전 + 명)

085

while

23 지방직 9급
22 간호직 8급
19 지방직 7급
18 지방직 7급 / 서울시 7급
17 사복직 9급
14 국가직 9급
12 서울시 9급
11 법원직 9급

☑ 접속사이므로 뒤에 절이 왔는지 확인 명사(구) X

· We must have been burgled **during we were asleep.**   X
· We must have been burgled **while we were asleep.**   O
우리가 자는 동안 집이 털린 게 틀림없어.

☑ 분사구문으로 쓰인 경우, 준동사의 능·수동 확인

· I dropped off on the sofa **while** watched TV.   X
· I dropped off on the sofa **while** watching TV.   O
나는 TV를 보다가 소파에서 잠들었다.

086

despite

23 법원직 9급
22 서울시 9급
21 경찰직 1차
20 법원직 9급
19 기상직 9급 / 국회직 8급
19 서울시 9급 / 법원직 9급
16 사복직 9급
15 법원직 9급
14 기상직 9급
09 경찰직 1차 / 국가직 7급
05 국가직 9급

☑ **뒤에 명사(구)가 왔는지 확인** 절 X

· **Despite** the weather was bad, we enjoyed our picnic.   X
· **Despite** the bad weather, we enjoyed our picnic.   O
  궂은 날씨에도 불구하고, 우리는 소풍을 즐겼다.

☑ **뒤에 전치사가 없는지 확인** despite of X

· **Despite** of these measures, the economy remains sluggish.   X
· **Despite** these measures, the economy remains sluggish.   O
  이러한 조치들에도 불구하고, 경제는 여전히 부진하다.

087

(al)though

18 교행직 9급
16 교행직 9급 / 지방직 7급
15 기상직 9급
14 법원직 9급
13 지방직 9급
12 지방직 7급
09 국가직 7급 / 경찰직 1차
05 국가직 9급

☑ **뒤에 절이 왔는지 확인** 명사(구) X

· **Despite** the car is old, it still runs well.   X
· **Although** the car is old, it still runs well.   O
  비록 그 차는 오래됐을지라도, 여전히 잘 굴러간다.

➕ **Further Study**

▶ 비록 ~일지라도, ~에도 불구하고
┌ despite[in spite of] + 명사(구)
└ (al)though + S + V

기출 O / X

105 My father was in the hospital during six weeks. 17 국가직 9급   O / X

106 While the youth, it is nice to enjoy development of mind and body. 15 기상직 9급   O / X

107 그들은 뜨거운 차를 마시는 동안에 일몰을 보았다.   O / X
   →They watched the sunset while drinking hot tea. 23 지방직 9급

108 Despite he was sleepy, he kept watching TV. 14 기상직 9급   O / X

109 Despite all the mistakes I had made, he still trusted me. 16 사복직 9급   O / X

---

[088]

as

☑ [as ~ as] 원급 구문에서

① 상관어구 확인 more[-er] ~ than과 혼용 X   as ~er as 중복 X

· This fact is **as** clear **than** glass.   **X**
· This fact is **as clearer as** glass.   **X**
· This fact is **as** clear **as** glass.   **O**
  이 사실은 매우 명백하다.

② 비교되는 두 대상의 급이 맞는지 확인

· **The temperature of Hawaii** was as warm as **those of** California.   **X**
· **The temperature of Hawaii** was as warm as **that of** California.   **O**
  하와이의 기온은 캘리포니아의 기온만큼 따뜻했다.

☑ [형/부/명 + as/though + S + V] 양보 도치 구문에서

① 명사에 관사가 없는지 확인

· **A child as** he was, he was not afraid of the dark.   **X**
· **Child as** he was, he was not afraid of the dark.   **O**
  그는 비록 어린아이였지만, 어둠을 두려워하지 않았다.

② as나 though가 왔는지 확인 although X, as if X

· Young **although** he is, he is an able lawyer.   **X**
· Young **as if** he is, he is an able lawyer.   **X**
· Young **as[though]** he is, he is an able lawyer.   **O**
  그는 비록 어리지만, 유능한 변호사이다.

☑ as가 '~처럼'이라는 뜻의 접속사로 쓰일 때, 주어와 동사의 도치 가능

· She's very tall, **as** her mother is.   **O**
· She's very tall, **as** is her mother.   **O**
  그녀의 어머니가 그렇듯이, 그녀도 매우 키가 크다.

089

more[-er] ~ than

☑ more[-er] ~ than과 as ~ as의 혼용 및 중복 금지

1 more[-er]의 상관어구가 than인지 확인 `as X`

- Your health is **more** important as anything else.　　X
- Your health is **more** important **than** anything else.　　O
  건강이 다른 어떤 것보다도 더 중요하다.

2 more과 -er 중 하나만 사용하였는지 확인 `중복 사용 X`

- It's **more quicker** by train than by bus to get there.　　X
- It's **quicker** by train than by bus to get there.　　O
  거기까지 기차를 타고 가는 게 버스를 타고 가는 것보다 더 빠르다.

☑ 비교되는 두 대상의 급이 맞는지 확인

- **The population of London** is bigger than Scotland.　　X
- **The population of London** is bigger than **that of** Scotland.　　O
  런던의 인구는 스코틀랜드의 인구보다 더 많다.

090

that[those] (of)

☑ 대응어구의 수일치 확인

- **His own experience** is different from **those of** his friends.　　X
- **His own experience** is different from **that of** his friends.　　O
  그 자신의 경험은 그의 친구들의 경험과 다르다.
- In my opinion, **the finest wines** are that from France.　　X
- In my opinion, **the finest wines** are **those** from France.　　O
  내 생각에, 최고의 와인은 프랑스산이다.

`기출 O / X`

---

110 내 고양이 나이는 그의 고양이 나이의 세 배이다.　　O / X

→ My cat is three times as old as him. 23 국가직 9급

111 우리 인생에서 시간보다 더 소중한 것은 없다.　　O / X

→ Nothing is more precious as time in our life. 22 국가직 9급

112 The car insurance rates in urban areas are more higher than those in rural areas. 19 경찰직 2차　　O / X

113 The traffic of a big city is busier than those of a small city. 20 국가직 9급　　O / X

01 A number of people was late for work because there was a traffic accident. 11 국회직 9급   O / X

02 The number of crimes in the cities are steadily decreasing. 19 경찰직 2차   O / X

03 There were a number of different options. 22 간호직 8급   O / X

04 Abraham Lincoln was one of the truly great president of the United States. 10 국회직 8급   O / X

05 Most of the suggestions made at the meeting was not very practical. 20 경찰직 1차   O / X

06 Maggie will be waiting for me when my flight is arrived this evening. 18 경찰직 2차   O / X

07 The incident was occurred in the midst of Ukrainian leaders' campaign of violence. 15 국가직 7급   O / X

01 X, was late → were late
해설   A number of 뒤에는 '복수 명사 + 복수 동사'가 나와야 한다.
해석   교통사고가 있어서 많은 사람들이 직장에 지각했다.

02 X, are → is
해설   The number of는 단수 동사로 수일치한다.
해석   도시의 범죄 건수는 꾸준히 감소하고 있다.

03 O
해설   a number of 뒤에 복수 명사가 나온 것은 적절하고, 동사의 수도 were로 적절하게 쓰였다.
해석   많은 다른 선택권이 있었다.

04 X, president → presidents
해설   one of 뒤에는 복수 명사가 나와야 한다.
해석   Abraham Lincoln은 미국의 진정 위대한 대통령 가운데 한 사람이었다.

05 X, was → were
해설   Most of 뒤에 복수 명사인 the suggestions가 나왔고, made는 이를 수식하는 분사이다. 따라서 문장의 동사는 was이므로 수에 맞게 were로 고쳐야 한다.
해석   회의에서 나온 대부분의 제안들은 그다지 실용적이지 않았다.

06 X, is arrived → arrives
해설   arrive는 완전자동사라 수동태로 쓸 수 없다.
해석   오늘 저녁 내 비행기가 도착하면 Maggie가 나를 기다리고 있을 것이다.

07 X, was occurred → occurred
해설   occur는 완전자동사라 수동태로 쓸 수 없다.
해석   그 사건은 우크라이나 지도자들의 폭력 운동이 한창이던 중에 발생했다.

08 This story was about the incidents that were happened in the 1920s. 22 간호직 8급   O / X

09 Your baby looks lovely. 18 경찰직 1차   O / X

10 The picture was looked carefully by the art critic. 23 지방직 9급   O / X

11 I like people who look me in the eye when I have a conversation. 20 지방직 9급   O / X

12 My sweet-natured daughter suddenly became unpredictably. 21 지방직 9급   O / X

13 We need to stretch the perception of fashion to remain open to the many layers   O / X
and complexities that exist. 22 서울시 9급

14 If properly stored, broccoli will stay fresh for up to four days. 18 경찰직 3차   O / X

08 X, were happened → happened

해설 happen은 완전자동사라 수동태로 쓸 수 없다.

해석 이 이야기는 1920년대에 일어났던 사건들에 관한 것이었다.

09 O

해설 look이 2형식 동사로 쓰이면 뒤에 부사가 아닌 형용사가 온다. 참고로 lovely는 '사랑스러운'이라는 의미의 형용사이다.

해석 당신의 아기는 사랑스러워 보인다.

10 X, looked → looked at

해설 look at은 수동태로 쓰일 때도 전치사 at을 생략하지 않는다.

해석 미술 평론가는 그 그림을 주의 깊게 봤다.

11 O

해설 look은 뒤에 'in the 신체 부위'를 사용하므로 적절하게 쓰였다.

해석 나는 대화할 때 내 눈을 똑바로 쳐다보는 사람들이 좋다.

12 X, unpredictably → unpredictable

해설 become이 2형식 동사로 쓰이면 뒤에 부사가 아닌 형용사가 온다.

해석 나의 다정한 딸이 갑자기 종잡을 수 없게 되었다.

13 O

해설 remain 뒤에 형용사 open이 적절하게 쓰였다.

해석 우리는 존재하는 많은 층과 복잡성에 대해 열린 채로 있기 위해 패션에 대한 인식을 확장시킬 필요가 있다.

14 O

해설 stay 뒤에 형용사 fresh가 적절하게 쓰였다.

해석 적절하게 보관되면, 브로콜리는 4일까지 신선하게 유지될 것이다.

15 The manager refused to explain us the reason why he cancelled the meeting. 20 경찰직 2차　　O / X

16 If you are free now, I want to discuss about it with you. 17 국회직 9급　　O / X

17 Please contact to me at the email address I gave you last week. 18 지방직 9급　　O / X

18 She resembles to her mother very closely. 17 국회직 9급　　O / X

19 She reached the mountain summit with her 16-year-old friend on Sunday. 19 국가직 9급　　O / X

20 Seohee agreed to accompany with her father on a trip to France. 21 경찰직 2차　　O / X

21 거의 모든 식물의 씨앗은 혹독한 날씨에도 살아남는다.
　→ The seeds of most plants are survived by harsh weather. 20 국가직 9급　　O / X

15 X, us → to us

해설 explain은 사람 목적어를 바로 받을 수 없으므로 us 앞에 전치사 to를 추가해야 한다.

해석 그 관리자는 우리에게 그가 회의를 취소한 이유에 대해 설명하는 것을 거부했다.

16 X, discuss about → discuss

해설 discuss는 완전타동사라 전치사 없이 목적어를 바로 취한다.

해석 당신이 지금 한가하다면, 나는 당신과 그것에 대해 논의하고 싶습니다.

17 X, contact to → contact

해설 contact는 완전타동사라 전치사 없이 목적어를 바로 취한다.

해석 제가 지난주에 드린 이메일 주소로 제게 연락해 주세요.

18 X, resembles to → resembles

해설 resemble은 완전타동사라 전치사 없이 목적어를 바로 취한다.

해석 그녀는 어머니를 쏙 빼닮았다.

19 O

해설 reach는 완전타동사라 전치사 없이 목적어를 바로 취한다.

해석 그녀는 일요일에 16세의 친구와 함께 산 정상에 올랐다.

20 X, accompany with → accompany

해설 accompany는 완전타동사라 전치사 없이 목적어를 바로 취한다.

해석 Seohee는 프랑스 여행에 아버지와 함께 가는 것에 동의했다.

21 X, are survived by → survive

해설 survive는 완전타동사로 '(주어가) ~에서 살아남다'라는 뜻이므로, 주어진 우리말에 맞게 능동태로 고쳐야 한다.

22 Word processors were considered to be the ultimate tool for a typist in the past. 21 지방직 9급   O / X

23 The enhanced design, calling a Voltaic pile, was made by stacking some discs. 22 국가직 9급   O / X

24 학위가 없는 것이 그녀의 성공을 방해했다.   O / X
   → Her lack of a degree kept her advancing. 21 국가직 9급

25 The heavy snow prevented us to play baseball. 18 경찰직 3차   O / X

26 We saw John coming back with a drink in his hand. 22 간호직 8급   O / X

27 He asked me that he could use my mobile phone. 20 경찰직 2차   O / X

28 John became great by allowing himself learn from mistakes. 12 사복직 9급   O / X

22 O
해설   consider가 5형식 수동태로 쓰여 'be considered + (to be) + 형/명'의 형태로 옳게 쓰였다.
해석   워드 프로세서는 과거에 키보드 사용자에게 최고의 도구로 여겨졌다.

23 X, calling → called
해설   향상된 디자인이 Voltaic pile이라고 '불리는' 것이므로 called가 적절하다.
해석   Voltaic 파일이라고 불리는 그 향상된 디자인은 몇몇 디스크를 쌓아서 만들어졌다.

24 X, advancing → from advancing
해설   'keep O RVing'는 'O가 계속 ~하게 하다'라는 의미이므로, 우리말 의미에 맞게 'keep O from RVing'의 형태로 써야 한다.

25 X, to play → from playing
해설   prevent는 'prevent O from RVing'의 구조를 취한다.
해석   폭설 때문에 우리는 야구를 할 수 없었다.

26 O
해설   see가 지각동사로 쓰여, 목적격 보어 자리에 coming이 적절하게 쓰였다.
해석   우리는 John이 손에 음료수를 들고 돌아오는 것을 보았다.

27 X, that → if 혹은 whether
해설   ask는 4형식으로 쓰일 경우 직접목적어 자리에 that을 쓸 수 없다.
해석   그는 나에게 내 휴대폰을 사용할 수 있는지 물었다.

28 X, learn → to learn
해설   allow가 5형식 동사로 쓰이면, 목적격 보어 자리에 원형부정사가 아닌 to RV가 온다.
해석   John은 자기 자신을 실수로부터 배우도록 함으로써 위대해졌다.

29 I heard the man talk about me. 12 경찰직 2차   O / X

30 The mother made her daughter to clean her room. 20 지방직 7급   O / X

31 과거 경력 덕분에 그는 그 프로젝트에 적합하였다.   O / X
   → His past experience made him suited for the project. 23 지방직 9급

32 A woman with the tip of a pencil stuck in her head has finally had it remove. 23 국가직 9급   O / X

33 네가 내는 소음 때문에 내 집중력을 잃게 하지 말아라.   O / X
   → Don't let me distracted by the noise you make. 21 지방직 9급

34 내 컴퓨터가 작동을 멈췄을 때, 나는 그것을 고치기 위해 컴퓨터 가게로 가져 갔어.   O / X
   → When my computer stopped working, I took it to the computer store to get it fixed. 17 지방직 9급

35 Developing a systematic plan also will help leaders prioritize the importance of   O / X
different goals. 16 교행직 9급

29 O

해설   hear가 지각동사로 쓰여 목적격 보어 자리에 talk가 적절하게 쓰였다.

해석   나는 그 남자가 나에 대해 말하는 것을 들었다.

30 X, to clean → clean

해설   make가 사역동사로 쓰이면, 목적격 보어 자리에는 to RV가 아닌 원형부정사가 와야 한다.

해석   어머니는 딸에게 그녀의 방을 청소하게 했다.

31 O

해석   make가 5형식으로 쓰이면 형용사를 목적격 보어로 취할 수 있는데, 목적어인 그가 '적합한' 것이므로 과거분사형 형용사 suited의 쓰임은 적절하다.

32 X, remove → removed

해설   have가 사역동사로 쓰였고 목적어인 it, 즉 the tip of a pencil이 '제거되는' 것이므로 목적격 보어 자리에 p.p.가 와야 한다.

해석   머리에 연필 끝이 박힌 여자가 마침내 그것을 제거했다.

33 X, distracted → be distracted

해설   사역동사 let의 목적격 보어가 수동인 경우 be p.p.의 형태가 와야 한다.

34 O

해설   get의 목적어로 쓰인 it은 앞에 나온 my computer를 지칭하고, 컴퓨터가 '고쳐지는' 것이므로 fixed는 적절하다.

35 O

해설   help의 목적격 보어 자리에는 (to) RV의 형태가 올 수 있다.

해석   체계적인 계획을 세우는 것은 또한 리더들이 다른 목표들의 중요성에 우선순위를 매기는 것을 도울 것이다.

36 Top software companies are finding increasingly challenging to stay ahead. 17 지방직 9급　O / X

37 I thought it uselessly to fight with them. 09 지방직 7급　O / X

38 Whom do you think is the best student in this class? 09 국회직 8급　O / X

39 He said he would rise my salary because I worked hard. 21 국가직 9급　O / X

40 몇 가지 문제가 새로운 회원들 때문에 생겼다.　O / X
　　→ Several problems have raised due to the new members. 20 국가직 9급

41 I like that you will await for me. 17 국회직 9급　O / X

42 Chaera lay down on the bed and took a nap yesterday. 18 경찰직 1차　O / X

36 X, finding → finding it

해설 find가 쓰인 가목적어-진목적어 구문에서 가목적어 it이 생략될 수 없다.

해석 최고의 소프트웨어 회사들은 선두를 유지하는 것이 점점 더 어렵다는 것을 깨닫고 있다.

37 X, uselessly → useless

해설 가목적어-진목적어 구문에서 목적격 보어에는 형용사가 와야 한다.

해석 나는 그들과 싸우는 것이 소용없다고 생각했다.

38 X, Whom → Who

해설 do you think 구문에서 동사 is의 주어 역할을 할 수 있는 Who를 써야 한다.

해석 이 학급에서 누가 최고의 학생이라고 생각하나요?

39 X, rise → raise

해설 rise는 자동사로 '오르다'라는 뜻이고 목적어인 my salary가 있으므로, '올리다'라는 뜻의 타동사 raise가 적절하다.

해석 그는 내가 일을 열심히 했기 때문에 월급을 올려 주겠다고 말했다.

40 X, raised → arisen

해설 raise는 타동사로 '올리다'라는 뜻이며 뒤에 목적어가 있어야 하는데 없다. 주어진 우리말에 맞게 '(문제가) 생기다'라는 의미의 자동사 arise를 쓰는 것이 적절하다.

41 X, await for → await 혹은 wait for

해설 await는 완전타동사라 목적어 앞에 전치사가 없어야 하고, wait는 자동사라 목적어 앞에 전치사 for가 있어야 한다.

해석 나는 당신이 나를 기다릴 것이라는 게 좋다.

42 O

해설 여기서 lay는 '눕다'라는 의미의 자동사 lie의 과거형으로 적절하게 쓰였다.

해석 Chaera는 어제 침대에 누워서 낮잠을 잤다.

43 나는 그를 전에 어디에서도 본 기억이 없다.   O / ✕

→ I don't remember seeing him anywhere before. 22 간호직 8급

44 I couldn't find any vegetables in the refrigerator, which means my wife must have   O / ✕
forgotten buying some on her way home. 08 서울시 9급

45 나는 네 열쇠를 잃어버렸다고 네게 말한 것을 후회한다.   O / ✕

→ I regret to tell you that I lost your key. 20 지방직 9급

46 나는 말하던 것을 멈추고 주위를 둘러보았다.   O / ✕

→ I stopped to talk and looked around. 22 간호직 8급

47 Hardly did I close my eyes when I began to think of her. 23 국가직 9급   O / ✕

48 The discussion of real policy choices in a public manner has hardly never   O / ✕
occurred. 18 서울시 9급

49 Having just learned to drive and hard ever having the opportunity to use the car,   O / ✕
I readily accepted. 11 사복직 9급

43 O

해설   주어진 우리말이 '~한 것을 기억하다'이므로, 동명사 seeing이 적절하게 쓰였다.

44 X, buying → to buy

해설   냉장고에 야채가 없었으므로, 문맥상 내 아내가 야채를 '사기로 한 것을 잊었다'는 것이 적절하다. 따라서 '~하기로 한 것을 잊다'
의 의미인 to RV를 써야 한다.

해석   나는 냉장고에서 어떤 야채도 찾을 수 없었는데, 그것은 내 아내가 집에 오는 길에 야채를 사는 것을 잊어버렸음이 틀림없다는
것을 의미한다.

45 X, to tell → telling

해설   주어진 우리말이 '~한 것을 후회하다'이므로, 동명사를 쓰는 것이 적절하다.

46 X, to talk → talking

해설   주어진 우리말이 '~하는 것을 멈추다'이므로, 동명사를 쓰는 것이 적절하다.

47 X, did I close → had I closed

해설   'Hardly + had + S + p.p. ~ when[before] + S + 과거' 구문에서, Hardly 뒤에는 과거완료시제가 나와야 한다.

해석   나는 눈을 감자마자 그녀를 생각하기 시작했다.

48 X, hardly never → hardly 혹은 never

해설   hardly 뒤에 never를 중복해서 사용할 수 없으므로 둘 중 하나를 삭제해야 한다.

해석   공개적인 방식으로 실제 정책 선택에 대한 논의는 거의[전혀] 이뤄지지 않았다.

49 X, hard → hardly

해설   hard는 형용사로 '단단한, 힘든', 부사로 '열심히'라는 의미인데 여기서는 문맥상 차를 이용해 볼 기회가 '거의 없었다'는 것이 적
절하므로, '거의 ~않다'라는 의미의 hardly로 고쳐야 한다.

해석   운전을 배운 지 얼마 되지 않았고 차를 이용해 볼 기회가 거의 없었기에, 나는 흔쾌히 받아들였다.

50 Scarcely had we reached there when it began to snow. 19 서울시 9급   O / X

51 Scarcely had we gone out before it began to rain. 20 경찰직 2차   O / X

52 식사를 마치자마자 나는 다시 배고프기 시작했다.   O / X
→ No sooner I have finishing the meal than I started feeling hungry again. 22 지방직 9급

53 As soon as I will get all the vaccinations, I will be leaving for a break. 12 사복직 9급   O / X

54 그가 핸드폰을 택시에 두고 내린 것을 안 것은 집에 도착해서였다.   O / X
→ It was not until he arrived home that he found he'd left his cell phone in the taxi. 18 기상직 9급

55 I have successfully completed writing the book three weeks ago. 11 서울시 9급   O / X

56 어젯밤에 경찰은 행방불명된 소녀를 찾았다고 말했다.   O / X
→ Last night the police have said that they had found the missing girl. 19 경찰직 1차

57 Beekeepers in the United States first noticed that their bee colonies have been   O / X
dying off in 2006. 15 교행직 9급

50 O
해설 'Scarcely + had + S + p.p. ~ when[before] + S + 과거' 구문이 적절하게 쓰였다.
해석 우리가 그곳에 도착하자마자 눈이 내리기 시작했다.

51 O
해설 'Scarcely + had + S + p.p. ~ when[before] + S + 과거' 구문이 적절하게 쓰였다.
해석 우리가 나가자마자 비가 내리기 시작했다.

52 X, I have finishing → had I finished
해설 '~하자마자 ~했다'라는 뜻의 구문으로는 'No sooner + had + S + p.p. ~ than + S + 과거'를 사용하므로, No sooner 뒤에는 주어와 동사가 도치된 과거완료시제가 나와야 한다.

53 X, will get → get
해설 시간 부사절로 쓰인 as soon as 뒤에는 미래시제가 아닌 현재시제가 와야 한다.
해석 모든 예방 접종을 받자마자, 나는 휴식을 위해 떠나고 있을 것이다.

54 O
해설 'It was not until A that B'는 'A하고 나서야 비로소 B했다'라는 표현으로 적절하게 쓰였다.

55 X, have successfully completed → successfully completed
해설 명확한 과거를 나타내는 three weeks ago가 쓰였으므로 과거시제를 써야 한다.
해석 나는 3주 전에 그 책을 쓰는 것을 성공리에 마무리했다.

56 X, have said → said
해설 명확한 과거를 나타내는 Last night이 쓰였으므로 과거시제를 써야 한다.

57 X, have been → were
해설 명확한 과거를 나타내는 in 2006이 쓰였으므로 과거시제를 써야 한다.
해석 미국의 양봉업자들은 그들의 벌 떼들이 죽어가고 있다는 것을 2006년에 처음으로 알아차렸다.

58 For the last fifty years, advances in chemistry brought many positive changes to the American lifestyle. 14 경찰직 2차   O / X

59 I was born in Taiwan, but I have lived in Korea since I started work. 21 국가직 9급   O / X

60 The investigation had to be handled with the utmost care lest suspicion be aroused. 19 지방직 9급   O / X

61 당신이 바쁘지 않으면 오늘 저녁에 당신 집에 들르겠다.   O / X
→ I'll drop by your place this evening lest you should be busy. 13 국가직 7급

62 If I had enough money, I would have bought a fancy yacht. 16 국가직 7급   O / X

63 He has to write an essay on if or not the death penalty should be abolished. 21 국가직 9급   O / X

64 너는 그녀와 함께 가느니 차라리 집에 머무는 것이 낫겠다.   O / X
→ You would rather stay at home than to go with her. 21 경찰직 1차

65 너는 비가 올 경우에 대비하여 우산을 갖고 가는 게 낫겠다.   O / X
→ You had better to take an umbrella in case it rains. 23 국가직 9급

58 X, brought → have brought

해설 기간을 나타내는 For the last fifty years가 쓰였으므로, 현재완료시제를 써야 한다.

해석 지난 50년 동안, 화학의 발전은 미국인의 생활 방식에 많은 긍정적인 변화를 가져왔다.

59 O

해설 since절에 과거시제 started가, 주절에는 현재완료시제 have lived가 적절하게 쓰였다.

해석 나는 대만에서 태어났지만, 일을 시작한 이후로 한국에서 살고 있다.

60 O

해설 '~하지 않기 위해'라는 의미의 lest가 이끄는 절 뒤에 (should) be가 적절하게 쓰였다.

해석 의심의 여지가 생기지 않도록 그 조사는 극도의 주의를 기울여서 처리해야 했다.

61 X, lest you should be busy → unless you are busy

해설 주어진 우리말이 '바쁘지 않으면'이므로, lest가 아닌 unless를 써야 한다.

62 X, would have bought → would buy

해설 가정법 과거는 'If + S + 동사의 과거형/were ~, S + 조동사 과거형 + RV'의 형태로 쓴다.

해석 나에게 충분한 돈이 있다면, 나는 멋진 요트를 구입할 텐데.

63 X, if → whether

해설 if가 명사절로 쓰이면 타동사의 목적어 자리에만 쓸 수 있으며, if or not의 형태는 적절하지 않다.

해석 그는 사형이 폐지되어야 하는지 아닌지에 대한 에세이를 써야 한다.

64 X, to go → go

해설 would rather 뒤에는 원형부정사가 오고 than 이하에도 원형부정사가 와야 한다.

65 X, to take → take

해설 had better 뒤에는 원형부정사가 와야 한다.

66 I should have gone this morning, but I was feeling a bit ill. 23 지방직 9급 　　　　O / X

67 They used to loving books much more when they were younger. 20 지방직 9급 　　　O / X

68 I am used to get up early everyday. 16 지방직 9급 　　　　O / X

69 시민들은 그 파출소가 폐쇄되어서는 안 된다고 요구했다. 　　　　O / X
　　→ Citizens demanded that the police box was not closed. 18 경찰직 1차

70 The broker recommended that she buy the stocks immediately. 23 국가직 9급 　　　O / X

71 장관은 교통문제를 해결하기 위해 강 위에 다리를 건설해야 한다고 주장했다. 　　　O / X
　　→ The minister insisted that a bridge be constructed over the river to solve
　　　the traffic problem. 17 국가직 9급

72 그는 새로운 정책이 모든 노동자들을 위해 이행되어야 한다고 제안했다. 　　　　O / X
　　→ He suggested that the new policy is implemented for all workers. 12 국가직 7급

73 She suggested going out for dinner after the meeting. 16 지방직 9급 　　　　O / X

66 O

해설 '~했어야 했는데 (안 했다)'의 의미인 should have p.p.가 적절하게 쓰였다.

해석 나는 오늘 아침에 갔어야 했는데, 몸이 좀 안 좋았다.

67 X, loving → love

해설 현재는 하지 않는 과거의 습관을 나타내는 '(~하곤) 했다'의 표현은 'used to RV'를 사용한다.

해석 그들은 어렸을 때 책을 훨씬 더 좋아했다.

68 X, get → getting

해설 '~하는 데 익숙하다'의 표현으로는 'be used to RVing'를 사용한다.

해석 나는 매일 일찍 일어나는 것에 익숙하다.

69 X, was not closed → (should) not be closed

해설 demand 뒤에 that절이 올 경우, that절 내의 동사는 (should) RV의 형태를 취해야 한다.

70 O

해설 recommend 뒤에 that절이 올 경우, that절 내의 동사는 (should) RV의 형태를 취해야 한다.

해석 그 중개인은 그녀에게 즉시 그 주식들을 사라고 권했다.

71 O

해설 insist의 목적어로 나온 that절이 당위성을 나타내고 있으므로, that절 내의 동사는 (should) RV의 형태를 취해야 한다.

72 X, is → (should) be

해설 suggest의 목적어로 나온 that절이 당위성을 나타내고 있으므로, that절 내의 동사는 (should) RV의 형태를 취해야 한다.

73 O

해설 suggest는 동명사를 목적어로 취하는 동사이다.

해석 그녀는 회의 후에 저녁을 먹으러 나가자고 제안했다.

74 We can all avoid doing things that we know damage the body. 14 서울시 9급   O / X

75 I am busy preparing for a trip to Europe. 19 지방직 9급   O / X

76 I look forward to receive your reply as soon as possible. 21 국가직 9급   O / X

77 The criminal suspect objected to give an answer when questioned by the   O / X
police. 20 경찰직 2차

78 월급을 두 배 받는 그 부서장이 책임을 져야 한다.   O / X
→ The head of the department, who receives twice the salary, has to take responsibility. 17 지방직 9급

79 우리가 가장 존경하는 선생님께서 지난달에 은퇴하셨다.   O / X
→ The teacher whose we respect most retired last month. 18 경찰직 1차

80 They saw a house which windows were all broken. 21 경찰직 1차   O / X

81 I do aerobics three times a week, which makes me stay in shape. 15 경찰직 3차   O / X

74 O

해설 avoid는 동명사를 목적어로 취한다.

해석 우리 모두는 우리가 알기에 신체에 해를 끼치는 일을 하는 것을 피할 수 있다.

75 O

해설 be busy 뒤에 동명사 preparing이 온 것은 적절하다.

해석 나는 유럽 여행을 준비하느라 바쁘다.

76 X, receive → receiving

해설 look forward to에서의 to는 전치사이므로 뒤에 동명사가 와야 한다.

해석 나는 너의 답장을 가능한 한 빨리 받기를 고대한다.

77 X, give → giving

해설 object to에서의 to는 전치사이므로 뒤에 동명사가 와야 한다.

해석 그 범죄 용의자는 경찰에게 질문받았을 때 대답하기를 거부했다.

78 O

해설 관계대명사 who의 선행사는 바로 앞에 나온 department가 아닌 head이므로 적절하게 쓰였다.

79 X, whose → whom

해설 respect 뒤에 목적어가 없으므로 목적격 관계대명사를 써야 한다.

80 X, which → whose

해설 해석상 '집의' 창문이 모두 깨진 것이므로 소유격 관계대명사를 써야 한다.

해석 그들은 창문이 모두 깨진 집을 보았다.

81 O

해설 앞 문장 전체를 선행사로 받는 which가 적절하게 쓰였다.

해석 나는 에어로빅을 일주일에 세 번 하는데, 그것이 내가 건강을 유지하게 한다.

82 그녀는 남들이 말하는 것을 쉽게 믿는다.   O / X

→ She easily believes what others say. 22 국가직 9급

83 Anything what is unexplained is fascinating to people who love a mystery. 19 서울시 9급   O / X

84 For every mystery, there is someone trying to figure out that happened. 19 서울시 9급   O / X

85 One reason for upsets in sports is what the superior team may not have perceived   O / X

their opponents as threatening. 23 지방직 9급

86 I decided to climb up to the high diving tower to see how the view was like. 11 지방직 9급 O / X

87 They speculate about what the animals might have looked when they were   O / X

alive. 19 서울시 9급

88 Do you realize how far is it to Hawaii? 08 국가직 7급   O / X

89 However you may try hard, you cannot carry it out. 14 지방직 9급   O / X

82 O

해설 관계대명사 what이 believes의 목적어와 say의 목적어 역할을 동시에 하고 있다.

---

83 X, what → that

해설 what 앞에 선행사인 Anything이 있으므로 주격 관계대명사 that으로 고쳐야 한다.

해석 설명되지 않는 것은 미스터리를 사랑하는 사람들에게 매혹적이다.

---

84 X, that → what

해설 앞에 타동사구 figure out이 있으므로 뒤에는 목적어 역할을 하는 명사절이 와야 한다. 그러나 명사절 접속사 that은 뒤에 완전한 문장이 와야 하는데, 여기서는 주어가 없는 불완전한 구조이므로 figure out의 목적어와 happened의 주어 역할을 동시에 할 수 있는 what으로 고쳐야 한다.

해석 모든 미스터리에는 무슨 일이 일어났는지 알아내려는 누군가가 있다.

---

85 X, what → that

해설 관계대명사 what 뒤에는 불완전한 절이 와야 한다. 그런데 여기서는 완전한 절이 오고 있으므로, what을 be동사 is의 보어 역할을 하면서 뒤에 완전한 절을 취하는 명사절 접속사 that으로 고쳐야 한다.

해석 스포츠에서 역전패가 발생하는 한 가지 이유는 우세한 팀이 상대 팀을 위협적이라고 여기지 않았을 수 있기 때문이다.

---

86 X, how → what

해설 like가 전치사로 쓰였고 전치사의 목적어 자리가 비었으므로 불완전한 문장이다. 따라서 how가 아닌 what이 적절하다.

해석 전망이 어떤지 구경하기 위해 나는 높은 다이빙대로 올라가기로 결심했다.

---

87 X, what → how

해설 look이 '보이다'라는 1형식 완전자동사로 쓰였으므로, what 이하가 완전한 문장이다. 따라서 what이 아닌 how가 적절하다. 참고로 looked 뒤에 like라는 전치사가 있으면 what이 적절하다.

해석 그들은 동물들이 살아 있었을 때 어떻게 보였을지 추측한다.

---

88 X, is it → it is

해설 간접의문문의 어순은 '의문사 + 주어 + 동사'의 평서문 어순이다.

해석 하와이까지 얼마나 먼지 당신은 아십니까?

---

89 X, However you may try hard → However hard you may try

해설 형용사나 부사가 However 바로 뒤에 위치해야 한다.

해석 당신이 얼마나 열심히 노력하든, 당신은 그것을 수행할 수 없다.

90 I'll think of you when I'll be lying on the beach next week. 20 국가직 9급   O / X

91 A CEO visited the factory which most of the company's products are manufactured. 21 경찰직 2차   O / X

92 This guide book tells you where should you visit in Hong Kong. 21 국가직 9급   O / X

93 Cindy는 피아노 치는 것을 매우 좋아했고 그녀의 아들도 그랬다.
→ Cindy loved playing the piano, and so her son did. 21 국가직 9급   O / X

94 그것은 너무나 아름다운 유성 폭풍이어서 우리는 밤새 그것을 보았다.
→ It was such a beautiful meteor storm that we watched it all night. 21 국가직 9급   O / X

95 그의 소설들은 읽기가 어렵다.
→ His novels are hard to read. 21 지방직 9급   O / X

96 우리가 영어를 단시간에 배우는 것은 결코 쉬운 일이 아니다.
→ It is by no means easy for us to learn English in a short time. 22 국가직 9급   O / X

97 The speaker said a few thing that was interesting. 22 간호직 8급   O / X

90 X, I'll be lying → I'm lying

해설   when이 이끄는 시간 부사절에서는 현재시제가 미래시제를 대신한다.

해석   다음 주 해변에 누워 있을 때 나는 너를 생각할 것이다.

91 X, which → where 혹은 in which

해설   선행사로 장소명사인 the factory가 왔고, which 뒤에 완전한 문장이 나왔으므로 관계부사인 where을 쓰거나 in which로 고쳐야 한다.

해석   CEO는 대부분의 회사 제품이 생산되는 공장에 방문했다.

92 X, should you visit → you should visit

해설   간접의문문의 어순은 '의문사 + 주어 + 동사'의 평서문 어순이다.

해석   이 가이드북은 당신이 홍콩에서 어디를 방문해야 하는지 알려준다.

93 X, her son did → did her son

해설   긍정 동의를 나타내는 구문에서 주어와 동사는 도치된다.

94 O

해설   'such + a + 형 + 명'의 어순으로 적절하게 쓰였다.

95 O

해설   난이형용사 구문에서 to RV의 목적어가 주어로 오는 경우, to RV의 목적어 자리가 비어있어야 한다.

96 O

해설   'It is easy for 의미상의 주어 to RV'의 난이형용사 구문이 적절하게 쓰였다.

97 X, thing that was → things that were

해설   a few 뒤에는 복수 명사가 나와야 하고, 그에 맞게 관계사절의 수일치도 복수 동사로 맞춰야 한다.

해석   연설자는 흥미로운 몇 가지를 말했다.

98 Little I dreamed that he had told me a lie. 20 경찰직 1차　　O / X

99 Jessica is a much careless person who makes little effort to improve her knowledge. 16 국가직 9급　　O / X

100 요즘에는 신문들이 광고에서 훨씬 더 적은 돈을 번다.
→ Nowadays, newspapers make much less money from advertisements. 18 지방직 7급　　O / X

101 Mt. Everest is higher than any other mountains in the world. 20 경찰직 2차　　O / X

102 It is the nature of men that whenever they see profit, they cannot help chasing after them. 16 교행직 9급　　O / X

103 Corporations manufacturing computers with toxic materials should arrange for its disposal. 14 지방직 7급　　O / X

104 He felt enough comfortable to tell me about something he wanted to do. 21 지방직 9급　　O / X

105 My father was in the hospital during six weeks. 17 국가직 9급　　O / X

98 X, I dreamed → did I dream

해설 부정어 little이 문두에 나오면 주어와 동사가 의문문의 어순으로 도치되어야 한다.

해석 나는 그가 나에게 거짓말을 했을 거라곤 거의 상상도 못 했다.

99 X, much → very

해설 비교급이 아닌 원급 careless가 나왔으므로, much가 아닌 very로 수식해야 한다. 불가산명사인 effort 앞에 little이 온 것은 적절하다.

해석 Jessica는 그녀의 지식을 향상시키기 위해 거의 노력하지 않는 매우 경솔한 사람이다.

100 O

해설 뒤에 비교급인 less가 나왔으므로 much로 수식한 것은 적절하다. 불가산명사인 money 앞에 little의 비교급인 less가 쓰인 것도 적절하다.

101 X, mountains → mountain

해설 '비교급 + than any other' 뒤에는 단수 명사가 온다.

해석 에베레스트 산은 세계의 어떤 산보다 높다.

102 X, them → it

해설 them은 앞에 나온 profit을 지칭하므로 단수 명사인 it을 써야 한다.

해석 이익을 보면 그것을 쫓지 않을 수 없는 것이 인간의 본성이다.

103 X, its → their

해설 여기서 대명사 its는 앞에 나온 복수 명사인 toxic materials를 지칭하므로, 수에 맞게 their로 고쳐야 한다.

해석 유독 물질로 컴퓨터를 제조하는 회사는 그것들의 처리를 위한 대책을 세워야 한다.

104 X, enough comfortable → comfortable enough

해설 enough가 부사로 쓰인 경우, 형용사 뒤에서 수식한다.

해석 그는 자신이 하고 싶은 일에 대해 나에게 말할 수 있을 만큼 편안함을 느꼈다.

105 X, during → for

해설 during 뒤에 6주라는 불특정 기간이 나왔으므로 for를 써야 한다.

해석 나의 아버지는 6주 동안 병원에 계셨다.

106 While the youth, it is nice to enjoy development of mind and body. 15 기상직 9급   O / X

107 그들은 뜨거운 차를 마시는 동안에 일몰을 보았다.   O / X
→ They watched the sunset while drinking hot tea. 23 지방직 9급

108 Despite he was sleepy, he kept watching TV. 14 기상직 9급   O / X

109 Despite all the mistakes I had made, he still trusted me. 16 사복직 9급   O / X

110 내 고양이 나이는 그의 고양이 나이의 세 배이다.   O / X
→ My cat is three times as old as him. 23 국가직 9급

111 우리 인생에서 시간보다 더 소중한 것은 없다.   O / X
→ Nothing is more precious as time in our life. 22 국가직 9급

112 The car insurance rates in urban areas are more higher than those in rural   O / X
areas. 19 경찰직 2차

113 The traffic of a big city is busier than those of a small city. 20 국가직 9급   O / X

106 X, While → During
해설 접속사인 While 뒤에 the youth라는 명사가 왔으므로, 전치사인 During을 써야 한다.
해석 젊은 시절에는 심신의 발달을 즐기는 것이 좋다.

107 O
해설 while 이하는 분사구문인데, 분사구문의 의미상 주어인 They가 차를 '마시는' 것이므로 현재분사 drinking은 적절하게 쓰였다.

108 X, Despite → (Al)though
해설 Despite 뒤에 절이 나왔으므로, 접속사인 (Al)though를 써야 한다.
해석 그는 졸렸음에도 불구하고, 계속 TV를 시청했다.

109 O
해설 전치사 Despite 뒤에 all the mistakes라는 명사구가 왔으므로 적절하다. mistakes와 I 사이에는 목적격 관계대명사가 생략되어있다.
해석 내가 저지른 모든 실수에도 불구하고 그는 여전히 나를 신임했다.

110 X, him → his (cat)
해설 비교되는 대상이 '내 고양이'와 '그의 고양이'이므로, as 뒤에는 his cat이나 그것을 소유대명사 형태로 표현한 his가 와야 한다.

111 X, as → than
해설 앞에 비교급을 나타내는 more이 쓰였으므로, as가 아닌 than을 써야 한다.

112 X, more higher → higher
해설 higher는 high의 비교급 형태이므로, 앞에 more을 중복해서 쓸 수 없다. those는 앞에 나온 복수명사인 The car insurance rates를 지칭하므로 적절하게 쓰였다.
해석 도시 지역의 자동차 보험료는 농촌 지역의 보험료보다 높다.

113 X, those → that
해설 those가 지칭하는 것이 단수명사인 The traffic이므로 that을 써야 한다.
해석 대도시의 교통은 소도시보다 더 붐빈다.

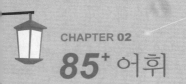

CHAPTER 02

85⁺ 어휘

091

agree

15 사복직 9급
14 지방직 7급
12 국가직 9급

☑️ 뒤에 **전치사 with/on**이 있는지 확인 with/on 생략 X

· If she felt he was right, she would **agree** him.   X
· If she felt he was right, she would **agree with** him.   O
　만약 그가 옳다고 느낀다면 그녀는 그에게 동의할 것이다.

➕ **Further Study**

┌ agree with + 사람
└ agree on + 사물/의견

☑️ **수동태인 경우에도**, 뒤에 **전치사 with/on**이 있는지 확인 with/on 생략 X

· They **agreed on** a date for the wedding.
= A date for the wedding **was agreed**.   X
= A date for the wedding **was agreed** on.   O
　그들은 결혼 날짜에 대해 합의했다.

➕ **Further Study**

▶ 목적어가 **to RV** 혹은 **that**절인 경우 타동사로 사용 가능
Hamas **agreed** that they (should) stop firing rockets into Israel.   O
Hamas는 그들이 이스라엘에 로켓을 쏘는 것을 멈추겠다고 합의했다.

092

dispose

19 경찰직 1차

☑️ 뒤에 **전치사 of**가 있는지 확인 of 생략 X

· We do not know how we will **dispose** the waste.   X
· We do not know how we will **dispose of** the waste.   O
　우리는 그 쓰레기를 어떻게 처리할지 모른다.

☑️ **수동태인 경우에도**, 뒤에 **전치사 of**가 있는지 확인 of 생략 X

· The batteries should **be disposed** properly.   X
· The batteries should **be disposed of** properly.   O
　배터리는 올바르게 폐기되어야 한다.

093

refer

19 국가직 9급
18 법원직 9급
16 국회직 9급
15 교행직 9급
06 국회직 8급

☑ [refer to A as B] 구문에서

1 전치사 to와 as가 있는지 확인 `to 생략 X, as 생략 X`

· People often **refer to** Hawaii the Paradise of the Pacific.　　X
· People often **refer to** Hawaii **as** the Paradise of the Pacific.　　O
　사람들은 종종 하와이를 태평양의 낙원이라고 부른다.

2 수동태인 경우에도, 전치사 to와 as가 있는지 확인 `to 생략 X, as 생략 X`

· Hawaii **is** often **referred to** the Paradise of the Pacific.　　X
· Hawaii **is** often **referred to as** the Paradise of the Pacific.　　O
　하와이는 종종 태평양의 낙원으로 불린다.

> **+ Further Study**
>
> ▶ refer to A as B : A를 B로 부르다
> → A be referred to as B

기출 O/X　　　　　　　　　　　　　　　　　　　　　　　　　　　정답 p.142

01 그 협정들은 작년 회의에서 합의된 것이다.　　　　　　　　　　O / X

→ The arrangements were agreed on at the meeting last year. 12 국가직 9급

02 Radioactive waste must be disposed safely. 19 경찰직 1차　　　　O / X

03 The Iliad and the Odyssey, the Koran, and the Old and New Testaments can all　　O / X

refer to as myths. 19 국가직 9급

094

convince

21 경찰직 1차
18 서울시 9급

☑ convince A of B 혹은 A be convinced of B로 썼는지 확인

· He **convinced** me **of** his innocence.   O
  그는 자신의 결백을 내게 확신시켰다.

· I **was convinced of** his innocence.   O
  나는 그의 결백을 확신했다.

☑ convince A that절 혹은 A be convinced that절로 썼는지 확인

· He **convinced** me **that** he was innocent.   O
  그는 그가 무죄라고 나를 확신시켰다.

· I **convinced that** he was innocent.   X

· I **was convinced that** he was innocent.   O
  나는 그가 무죄라고 확신했다.

095

inform

17 국가직 9급
13 기상직 9급

☑ inform A of B 혹은 A be informed of B로 썼는지 확인

· I will **inform** you **of** any openings.   O
  빈자리가 있으면 알려 드리겠습니다.

· You will **be informed of** any openings.   O
  빈자리가 있으면 통지 받으실 겁니다.

☑ inform A that절 혹은 A be informed that절로 썼는지 확인

· They **informed** us **that** an earthquake had happened.   O
  그들은 우리에게 지진이 발생했다고 알렸다.

· We **informed that** an earthquake had happened.   X

· We **were informed that** an earthquake had happened.   O
  우리는 지진이 발생했다는 통지를 받았다.

[096]

remind

20 지방직 9급
17 서울시 9급
09 국회직 8급
05 국가직 9급

☑ remind A of B 혹은 A be reminded of B로 썼는지 확인

· The movie **reminded** me of his family.　　　　　　　　　O
　　그 영화는 나에게 그의 가족을 상기시켰다.
· I **was reminded** of his family.　　　　　　　　　　　　O
　　나는 그의 가족이 생각났다.

☑ remind A that절 혹은 A be reminded that절로 썼는지 확인

· They **reminded** us **that** no smoking is allowed on this train.　　O
　　그들은 우리에게 이 기차에서 담배를 피워서는 안 된다는 것을 상기시켰다.
· We **reminded that** no smoking is allowed on this train.　　X
· We **were reminded that** no smoking is allowed on this train.　　O
　　우리는 이 기차에서 담배를 피워서는 안 된다는 것을 상기했다.

기출 O/X

04 Convinced that he made a mistake, he apologized to his customers. 21 경찰직 1차　　O / X

05 They informed that their children would run a 50 percent risk of inheriting the gene for fatal neurological disorder. 13 기상직 9급　　O / X

06 그것은 내게 지난 24년의 기억을 상기시켜준다.　　O / X
　　→ It reminds me of the memories of the past 24 years. 20 지방직 9급

07 John reminded Mary that she should get there early. 17 서울시 9급　　O / X

097

request

17 경찰직 2차
11 서울시 9급
10 경찰직 2차

☑️ **목적어가 that절인 경우, that S + (should) RV 구조인지 확인**

· He **requested that** the demonstration was stopped.   **X**
· He **requested that** the demonstration (**should**) **be** stopped.   **O**
   그는 시위를 중단할 것을 요구했다.

098

require

17 경찰직 1차 / 사복직 9급
14 서울시 7급 / 지방직 7급
12 사복직 9급

☑️ **목적어가 that절인 경우, that S + (should) RV 구조인지 확인**

· The situation **required that** he is present.   **X**
· The situation **required that** he (**should**) **be** present.   **O**
   상황상 그가 참석해야만 했다.

☑️ **목적격 보어에 to RV가 왔는지 확인** 원형부정사 X

· The family **required** her **look after** a disabled child.   **X**
· The family **required** her **to look after** a disabled child.   **O**
   그 가족은 그녀에게 장애가 있는 아동을 돌보기를 요구했다.

099

notice

11 서울시 9급
02 국가직 7급

☑️ **목적격 보어에 원형부정사/RVing/p.p.가 왔는지 확인** to RV X

· I **noticed** someone **to come** up the driveway.   **X**
· I **noticed** someone **come** up the driveway.   **O**
   나는 누가 도로 위로 올라오는 것을 봤다.

[100]

cause

17 기상직 9급 / 교행직 9급
15 서울시 9급
12 국가직 9급

☑ 목적격 보어에 to RV가 왔는지 확인 원형부정사 X

· What **caused** you **change** your mind?   X
· What **caused** you **to change** your mind?   O
무엇 때문에 마음이 바뀌었니?

[101]

order

18 경찰직 3차
11 교행직 9급
08 지방직 9급

☑ 목적격 보어에 to RV가 왔는지 확인 원형부정사 X

· A man with a gun **ordered** her **give** him all her money.   X
· A man with a gun **ordered** her **to give** him all her money.   O
총을 가지고 있는 남자가 그녀에게 돈을 다 내놓으라고 명령했다.

☑ 목적어가 that절인 경우, that S + (should) RV 구조인지 확인

· The court **ordered that** he is executed.   X
· The court **ordered that** he (should) be executed.   O
법원은 그가 처형되어야 한다고 판결을 내렸다.

기출 O/X

08 She requested that he stays longer for dinner. 17 경찰직 2차   O / X

09 The instructions require that we not use a red pen. 12 사복직 9급   O / X

10 We noticed them to come in. 11 서울시 9급   O / X

11 어제 눈이 많이 와서 많은 사람들이 길에서 미끄러졌다.   O / X
→ We had much snow yesterday, which caused lots of people slip on the road. 12 국가직 9급

12 판사는 죄수가 재구속되어야 한다고 명령했다.   O / X
→ The judge ordered that the prisoner was remanded. 18 경찰직 3차

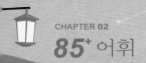

102

regard

11 국회직 9급
10 국회직 8급
08 지방직 7급 / 선관위 7급

☑ **목적격 보어에 as 형/명이 왔는지 확인** as 생략 X

· She **regards** it an exception to the rule.　　　　　　　　　　**X**
· She **regards** it **as** an exception to the rule.　　　　　　　　**O**
　그녀는 그것을 그 규칙의 예외라고 여긴다.

☑ **수동태인 경우에도 전치사 as가 있는지 확인** as 생략 X

· The pyramid **is regarded** one of the Seven Wonders of the World.　**X**
· The pyramid **is regarded as** one of the Seven Wonders of the World. **O**
　피라미드는 세계 7대 불가사의 중 하나로 간주된다.

> ➕ **Further** Study
>
> ▶ 'A를 B로 간주하다' 구문에서 as 생략 여부
>
> | consider A (as) B | as 생략 가능 |
> | --- | --- |
> | regard, think of, look (up)on, see A as B | as 생략 불가능 |

103

suppose

19 지방직 7급
16 지방직 9급
15 지방직 9급
14 국회직 9급

☑ **'~하기로 되어 있다'를 의미하는 경우 be supposed to RV 형태인지 확인**

· The man who supposed to be present is absent.　　　　　　　**X**
· The man who **was supposed to** be present is absent.　　　　　**O**
　참석하기로 되어 있는 그 사람이 참석하지 않았다.

☑ **의문사가 문두로 이동했는지 확인**

· Do you **suppose** who could have done this?　　　　　　　　**X**
· **Who** do you **suppose** could have done this?　　　　　　　　**O**
　도대체 누가 이것을 할 수 있었을 거라 생각해?

> ➕ **Further** Study
>
> ▶ 의문사를 문두로 보내는 동사
>
> suppose, believe, say, think, imagine

104

marry

19 지방직 9급
11 국가직 7급
98 국가직 7급

☑ 완전타동사임에 유의 marry with X

· The day I **married** with her was the happiest day of my life.　X
· The day I **married** her was the happiest day of my life.　O
내가 그녀와 결혼한 날은 내 인생에서 가장 행복한 날이었다.

☑ be married to 형태 가능

· My father **has married to** my mom for almost 45 years.　X
· My father **has been married to** my mom for almost 45 years.　O
나의 아버지는 어머니와 결혼한 지 거의 45년이 되었다.

기출 O/X

13　7 is regarded as the lucky number. 11 국회직 9급　O / X

14　She supposed to phone me last night, but she didn't. 15 지방직 9급　O / X

15　그녀는 남편과 결혼한 지 20년 이상 되었다.　O / X
　　→ She has married to her husband for more than two decades. 19 지방직 9급

105

affect

19 경찰직 1차
18 국가직 9급 / 서울시 9급
16 국가직 9급
12 국회직 8급 / 국가직 7급
12 경찰직 3차
08 지방직 7급

☑️ **완전타동사임에 유의** `affect on X`

· The disease **affects on** the central nervous system.　　X
· The disease **affects** the central nervous system.　　O
　그 병은 중추신경계에 영향을 끼친다.

106

influence

15 국가직 9급
08 지방직 7급 / 선관위 7급

☑️ **주어와 목적어의 위치 확인**

신체는 정신에 영향을 미친다.

→ The body **is influenced by** the mind.　　X
→ The body **influences** the mind.　　O

➕ **Further Study**

▶ 주어와 목적어의 위치에 주의해야 하는 동사(구)

┌ **A**(원인) cause **B**(결과)　　　: A 때문에 B하다
├ **A**(원인) bring about **B**(결과)　: A 때문에 B하다
├ **A**(요인) influence **B**(대상)　　: A가 B에 영향을 미치다
└ **A**(요인) affect **B**(대상)　　　: A가 B에 영향을 미치다

☑️ **완전타동사임에 유의** `influence on X`

· His writings **influenced on** the lives of millions.　　X
· His writings **influenced** the lives of millions.　　O
　그의 글은 수백만 명의 삶에 영향을 미쳤다.

[107]

charge

19 지방직 9급
11 사복직 9급

☑️ 뒤에 A with B가 왔는지 확인

· They **charged** him **for** dangerous driving.　　　　X
· They **charged** him **with** dangerous driving.　　　　O
　그들은 그를 난폭 운전으로 고발했다.

[108]

accuse

22 서울시 9급
17 경찰직 1차

☑️ 뒤에 A of B가 왔는지 확인

· His children have **accused** their father **for** neglect.　　　X
· His children have **accused** their father **of** neglect.　　　O
　그의 아이들은 아버지의 태만에 대해 비난했다.

➕ **Further** Study

─ accuse A of B : A를 B에 대해 비난[기소]하다 (→ A be accused of B)
─ charge A with B : A를 B에 대해 비난[고발]하다 (→ A be charged with B)
─ blame A for B : A를 B에 대해 비난하다
└ criticize A for B : A를 B에 대해 비난하다

기출 O/X

16　*Blue Planet II* left viewers heartbroken after showing the extent to which plastic　　O / ✕
　　affects on the ocean. 18 서울시 9급

17　미각의 민감성은 개인의 음식 섭취와 체중에 크게 영향을 미친다.　　O / ✕
　　→ Taste sensitivity is largely influenced by food intake and body weight of individuals. 15 국가직 9급

18　그들은 그의 정직하지 못함을 비난했다.　　O / ✕
　　→ They charged him with dishonesty. 11 사복직 9급

19　Will you accuse a lady to her face of smelling bad? 22 서울시 9급　　O / ✕

109

consist of

19 경찰직 1차
16 사복직 9급
12 사복직 9급
07 인천시 9급

☑️ **능동태로 쓰였는지 확인** 수동태 X

· Breakfast **was consisted of** dry bread and a cup of tea. X
· Breakfast **consisted of** dry bread and a cup of tea. O
  아침은 아무것도 바르지 않은 빵과 차 한 잔이었다.

☑️ consist 뒤의 **전치사**에 따른 **의미 구별**

· The buffet **consisted of** several different Indian dishes. O
  뷔페는 몇몇의 다른 인도 음식들로 구성되어 있었다.

· Happiness does not **consist in** how many possessions you own. O
  행복은 당신이 얼마나 많은 재산을 소유하는지에 있는 것이 아니다.

· Health does not **consist with** temperance. O
  건강은 금주와 상관이 없다.

➕ **Further Study**

┌ consist of : ~로 구성되다
├ consist in : ~에 있다
└ consist with : ~와 일치하다

110

sit/seat

19 경찰직 2차
17 국가직 9급 / 지방직 7급
14 지방직 7급
11 국가직 7급

☑️ 「**자동사(sit)인지**」 vs 「**타동사(seat)인지**」 확인

· Sit cross-legged with hands on knees. O
  무릎에 손을 올리고 다리를 꼰 채 앉으세요.

· Please seat yourself in a chair. O
  의자에 앉으십시오.

➕ **Further Study**

┌ sit – sat – sat : [자동사] 앉다
└ seat - seated - seated : [타동사] 앉히다

[111]

borrow/lend

22 지방직 9급
20 경찰직 2차
19 서울시 7급
17 서울시 7급
15 국가직 7급 / 사복직 9급
14 국회직 9급
12 국가직 7급
08 지방직 7급

☑ **borrow는 '빌리다'라는 의미의 3형식으로 쓰였는지 확인** 4형식 X

· I asked them to **borrow** me ten dollars.   X
· I asked them to **lend** me ten dollars.   O
  나는 그들에게 10달러를 빌려달라고 부탁했다.

☑ **lend는 '빌려주다'라는 의미의 3·4형식으로 둘 다 가능**

· Do not **lend** them the money.   O
· Do not **lend** the money to them.   O
  그들에게 돈을 빌려주지 마세요.

기출 O/X

20   The group was consisted of ten people. 12 사복직 9급   O / X

21   The committee consists with ten members. 19 경찰직 1차   O / X

22   나는 창문 옆에 앉아 있는 그 소녀를 안다.   O / X
        → I know the girl sat by the window. 19 경찰직 2차

23   I asked Siwoo to borrow me twenty dollars. 20 경찰직 2차   O / X

112

talk

22 간호직 8급
19 지방직 7급
16 지방직 9급
11 기상직 9급
09 국가직 7급
08 지방직 7급

☑ 목적어 앞에 전치사 about/to가 있는지 확인

· We'll **talk about** it some other time.　　　　　　　O
　그것에 대해 언제 한번 상의해 보자.

· I want to **talk to** you about a personal matter.　　　O
　저는 개인적인 일로 당신과 얘기하고 싶습니다.

➕ **Further Study**

1. talk가 1형식으로 쓰이는 경우, 의미: 말하다

┌ talk about : ~에 대해 말하다
└ talk to : ~에게 말하다, ~와 대화하다

2. talk가 3형식으로 쓰이는 경우, 의미: 설득하다

He **talked** me into buying the car.　　　　　　　　O
그가 나를 설득해서 그 차를 사게 했다.

113

speak

18 국가직 9급
17 국가직 9급
12 지방직 9급
04 서울시 9급

☑ 목적어 앞에 전치사 to가 있는지 확인 `to 생략 X`

· We need to **speak** Sam's teacher about his grades.　　　X
· We need to **speak to** Sam's teacher about his grades.　　O
　우리는 Sam의 담임 선생님과 그의 성적에 대해 얘기할 필요가 있다.

☑ 수동태인 경우에도 전치사 to가 있는지 확인 `to 생략 X`

· A few people **were spoken** by him at the party.　　　X
· A few people **were spoken to** by him at the party.　　O
　파티에서 그는 몇 사람에게 말을 걸었다.

➕ **Further Study**

▶ 전치사 없이 쓰이는 경우 : speak + 언어

He can **speak English**.　　　　　　　　　　　O
그는 영어를 할 줄 안다.

114

say

20 경찰직 2차
17 지방직 7급
09 서울시 9급

☑ 간접목적어 앞에 전치사 to가 있는지 확인 4형식 X

· I always **said** my friend that I would buy a motorbike.　　　**X**
· I always **said to** my friend that I would buy a motorbike.　　　**O**
　나는 오토바이를 살 거라고 친구에게 항상 말했다.

> ⊕ **Further** Study
>
> ▶ 사람에게 ~라고 말하다
> ┌ say + (to 사람) + that절 [3형식]
> └ tell + 사람 + that절 [4형식]

115

tell

21 국가직 9급
19 서울시 7급
17 지방직 9급 / 서울시 9급
16 지방직 9급
14 국회직 8급
09 국가직 7급 / 서울시 9급
08 지방직 7급

☑ '말하다'라는 뜻의 동사 중 유일하게 4형식과 5형식 가능

· I **told** myself **that** I would make some changes.　　　**O**
　나는 약간의 변화를 줄 것이라고 스스로에게 말했다.
· I **told** her **to focus** on learning the basic skills.　　　**O**
　나는 그녀에게 기본 기술을 배우는 데 집중하라고 말했다.

> ⊕ **Further** Study
>
> ▶ tell이 3형식으로 쓰이는 경우
> tell + a story, a joke, a lie, the difference

기출 O/X

24　He is the person I need to talk to about my daughter. 22 간호직 8급　　　O / X

25　네가 말하고 있는 사람과 시선을 마주치는 것은 서양 국가에서 중요하다.　　　O / X
　　→ Making eye contact with the person you are speaking to is important in western countries. 18 국가직 9급

26　Could you please say me the time? 09 서울시 9급　　　O / X

27　Julie's doctor told her to stop eating so many processed foods. 17 지방직 9급　　　O / X

85⁺ 어휘

---

[116]

provided/ providing (that) S + V

20 경찰직 1차
15 국가직 7급
10 경찰직 1차

☑ 분사형 접속사로, provided/providing 모두 가능

· **Provided (that)** you give me a discount, I will buy it. **O**
할인해 주신다면, 제가 그것을 사겠습니다.

· **Providing (that)** we have the money, we'll travel to Europe. **O**
우리에게 돈이 생긴다면, 유럽으로 여행을 떠날 것이다.

☑ 조건 부사절로 쓰인 경우, 현재시제인지 확인 미래시제 X

· You can go home **provided that** the assignment **will be** finished. **X**
· You can go home **provided that** the assignment **is** finished. **O**
너는 과제가 다 끝나면 집에 갈 수 있다.

➕ **Further Study**

▶ providing (that) S + V = provided (that) S + V : ~라고 가정한다면

---

[117]

in case (that)

19 지방직 9급
16 지방직 7급
09 지방직 9급
08 지방직 7급
05 국가직 9급

☑ 뒤에 현재시제가 쓰였는지 확인 미래시제 X

· **In case (that)** he **will** not agree, I will cite an example later. **X**
· **In case (that)** he **does** not agree, I will cite an example later. **O**
그가 동의하지 않을 경우를 대비해 나중에 예를 하나 들겠습니다.

☑ 뒤에 절이 오는 경우, in case (that)인지 확인 in case of X

· She took a light sweater **in case of** the evening was cool. **X**
· She took a light sweater **in case** the evening was cool. **O**
그녀는 저녁에 쌀쌀할 것을 대비해 가벼운 스웨터를 걸쳤다.

➕ **Further Study**

┌ in case (that) S + V : ~의 경우에 대비해서, 만약 ~하는 경우
└ in case of + 명사(구) : ~의 경우에 대비해서

[118]

by the time

21 경찰직 1차
20 경찰직 2차
13 국가직 7급

☑ 시간 부사절로 쓰인 경우 시제 고려

■ 부사절의 시제가 현재시제인지 확인 [미래시제 X]

· **By the time** he **will retire** next year, he will have worked for 40 years. **X**
· **By the time** he **retires** next year, he will have worked for 40 years. **O**
  내년에 그가 은퇴할 때쯤, 그는 40년간 일해 온 것이 될 것이다.

■ 주절에 기간 부사구가 나오는 경우, 주절의 시제가 미래완료시제인지 확인 [미래시제 X]

· **By the time** he retires next year, he **will work** for 40 years. **X**
· **By the time** he retires next year, he **will have worked** for 40 years. **O**
  내년에 그가 은퇴할 때쯤, 그는 40년간 일해 온 것이 될 것이다.

+ **Further Study**

▶ by the time + 과거시점이 오는 경우, 주절에는 과거완료시제가 주로 쓰인다.
By the time the police arrived, the criminals had already fled. **O**
경찰이 도착했을 때 범죄자들은 이미 도망쳐 있었다.

기출 O/X

28 토요일까지 돈을 갚을 수 있다면, 돈을 빌려줄게.   O / X
    → I'll lend you with money provided you will pay me back by Saturday. 15 국가직 7급

29 혹시 내게 전화하고 싶은 경우에 이게 내 번호야.   O / X
    → This is my number just in case you would like to call me. 19 지방직 9급

30 By the time you came back here, she will have left for her country. 21 경찰직 1차   O / X

119

I wish

17 기상직 9급
16 서울시 7급
12 교행직 9급
10 국가직 9급
08 지방직 7급

☑ 종속절의 시제가 「주절의 시제와 같으면 가정법 과거」 vs 「주절의 시 제보다 빠르면 가정법 과거완료」 확인

· **I wish** I **hadn't had** to go to work today.　　　　　　　　　X
· **I wish** I **didn't have** to go to work today.　　　　　　　　　O
　나는 오늘 일하지 않으면 좋을 텐데.

· **I wish** I **saved** some money beforehand.　　　　　　　　　X
· **I wish** I **had saved** some money beforehand.　　　　　　　O
　미리 저축을 좀 해두었다면 좋을 텐데.

120

as if[though]

15 기상직 7급 / 국회직 8급
14 사복직 9급
13 국가직 9급
12 지방직 9급
11 지방직 7급
10 국회직 8급
09 경찰직 2차

☑ 해석을 통해 「가정법인지」 vs 「직설법인지」 확인

· The speaker speaks **as though** he **knows** everything.　　　X
· The speaker speaks **as though** he **knew** everything.　　　　O
　그 연사는 마치 모든 것을 다 아는 것처럼 얘기한다.

· He looks **as if** he is healthy.　　　　　　　　　　　　　　　O
　그는 건강해 보인다.

121

it is (high) time

09 지방직 9급
07 국가직 7급

☑ that절이 S + 과거시제 혹은 S + should + RV 구조인지 확인

· **It's (high[about]) time** (that) **we start** cleaning up.　　　X
· **It's (high[about]) time** (that) **we started** cleaning up.　　O
· **It's (high[about]) time** (that) **we should start** cleaning up.　O
· **It's (high[about]) time** for us **to start** cleaning up.　　　　O
　청소를 시작할 시간이야.

122

were it not for/ had it not been for

19 경찰직 2차
18 경찰직 2차 / 지방직 9급

☑ 주절이 「가정법 과거인지」 vs 「가정법 과거완료인지」 확인

· **Were it not for** your help, I **would have failed.** X
· **Were it not for** your help, I **would fail.** O
  네 도움이 없다면 나는 실패할 것이다.

· **Had it not been for** your help, I **would fail.** X
· **Had it not been for** your help, I **would have failed.** O
  네 도움이 없었더라면 나는 실패했을 것이다.

123

but for

19 경찰직 2차
08 지방직 7급

☑ 가정법 과거와 가정법 과거완료 모두 사용할 수 있음에 유의

· I **might** never **get** into university **but for** you. O
  나는 만약 네가 없다면 대학에 절대 못 갈지도 몰라.

· I **might** never **have gotten** into university **but for** you. O
  나는 만약 네가 없었다면 대학에 절대 못 갔을지도 몰라.

➕ **Further Study**

▶ ~이 없다면 [가정법 과거]
If it were not for = Were it not for = Without = But for

▶ ~이 없었다면 [가정법 과거완료]
If it had not been for = Had it not been for = Without = But for

---

기출 O/X

31 I wish I studied biology when I was a college student. 16 서울시 7급 O / X

32 Upon winning the volleyball championship, Cathy leaped into the air as if O / X
    she were spiking the ball. 15 기상직 7급

33 It is high time that we review our foreign policy in the Middle East. 09 지방직 9급 O / X

34 Were it not for water, all living creatures on earth would be extinct. 18 지방직 9급 O / X

35 But for your assistance, I would have difficulty. 19 경찰직 2차 O / X

124

were/had/should

22 지방직 9급
19 경찰직 2차
18 국회직 9급
17 기상직 9급 / 국가직 9급
17 경찰직 2차 / 지방직 7급
14 서울시 9급 / 경찰직 2차
14 국회직 8급
13 국가직 7급
12 국가직 7급

☑ **주어 앞에 위치한 경우, 가정법인지 확인**

· **Were** I president, I **wouldn't be talking** about that.   O
  내가 대통령이라면 그것에 대해 이야기하지 않을 텐데.

· **Had** I had any money, I **would have lent** him some.   O
  내가 돈이 있었더라면, 그에게 약간 빌려주었을 텐데.

125

be said to RV

17 지방직 7급
08 국가직 9급

☑ **to RV의 시제가 동사(be동사)의 시제와 「일치하는지(to RV)」 vs 「더 이전인지(to have p.p.)」 확인**

· He **is said to** be a spy during the war.   X
· He **is said to** have been a spy during the war.   O
  그는 전쟁 중에 스파이였다고 한다.

> ➕ **Further Study**
>
> ▶ to 부정사의 시제를 확인해야 하는 동사들
>
> be said, thought, believed ⌈ to RV
>   ⌊ to have p.p.

126

have gone to

19 지방직 7급
18 지방직 9급
08 국가직 9급 / 지방직 7급
07 인천시 9급

☑ **have been to와 구별**

· He's **been to** the bank. He should be back soon.   X
· He's **gone to** the bank. He should be back soon.   O
  그는 은행에 갔어요. 곧 돌아올 거예요.

> ➕ **Further Study**
>
> ⌈ have been in : ~에 산 적이 있다 / 살고 있다
> ├ have been to : ~에 가본 적이 있다
> ⌊ have gone to : ~에 가고 없다
>
> He **has been in** Seoul for 20 years.   O
> 그는 20년간 서울에 살고 있다.

127

it is thoughtful

20 지방직 7급
12 국가직 9급

☑ 뒤에 of + 목적격이 왔는지 확인 for + 목적격 X

· **It was** really **thoughtful for you** to remember my birthday.　　　X
· **It was** really **thoughtful of you** to remember my birthday.　　　O
네가 내 생일을 기억해준 것은 정말로 사려 깊은 일이었어.

➕ **Further Study**

▶ 의미상 주어가 'of 목적격'인 사람의 성격을 나타내는 형용사들
wise 현명한 considerate 사려 깊은 foolish 멍청한 stupid 어리석은 cruel 잔인한

128

it is necessary

21 경찰직 2차
17 기상직 9급
15 국가직 7급

☑ 뒤에 that절이 S + (should) RV 구조인지 확인

· **It is necessary that** he **closes** the pool.　　　X
· **It is necessary that** he **(should) close** the pool.　　　O
그는 수영장을 닫을 필요가 있다.

➕ **Further Study**

▶ 당위를 포함하는 이성적 판단의 형용사들
┌ 필수적인, 중요한 : essential, important, imperative, necessary
└ 당연한, 마땅한 : advisable, desirable, natural

기출 O/X

36　Had I realized what you were intending to do, I would have stopped you. 22 지방직 9급　　O / X

37　The Main Street Bank is said to give loans of any size to reliable customers. 17 지방직 7급　　O / X

38　당신은 런던에 가본 적이 있나요?　　O / X
→ Have you ever gone to London? 19 지방직 7급

39　우리 회사 모든 구성원의 이름을 기억하다니 그는 생각이 깊군요.　　O / X
→ It's thoughtful for him to remember the names of every member in our firm. 12 국가직 9급

40　It is necessary that the language in any advertising campaign is examined carefully. 17 기상직 9급　O / X

---

¹²⁹

ought to

17 국가직 9급
08 국가직 9급

☑ 뒤에 원형부정사가 왔는지 확인 동명사 X

- You **ought to** emailing or calling her and say you're sorry. X
- You **ought to** email or call her and say you're sorry. O
  너는 그녀에게 이메일을 보내거나 전화해서 사과해야 한다.

☑ 부정문이 ought not to 형태인지 확인 ought to not X

- People felt that America **ought to** not take part in the war. X
- People felt that America **ought** not **to** take part in the war. O
  사람들은 미국이 전쟁에 가담해서는 안 된다고 생각했다.

☑ 과거에 대한 후회를 나타낼 때, ought to have p.p.로 썼는지 확인

- I **ought to** study harder in my childhood. X
- I **ought to** have studied harder in my childhood. O
  나는 어릴 때 공부를 더 열심히 했어야 했다.

---

¹³⁰

may as well

18 기상직 9급
09 경찰직 1차

☑ may as well RV (as RV) 구조로 썼는지 확인 to RV X

- You **may as well** to leave as stay here. X
- You **may as well** leave as stay here. O
  너는 여기에 머무르느니 차라리 떠나는 것이 낫다.

☑ may well과 의미 구별

- The baby **may well** cry all day long. O
  아기가 종일 우는 것은 당연하다.
- You **may as well** give up smoking. O
  넌 담배를 끊는 편이 낫다.

> **➕ Further Study**
> ┌ may well : ~하는 것이 당연하다
> └ may as well : ~하는 편이 낫다

131

need

21 경찰직 2차
11 기상직 9급
10 국회직 9급
09 지방직 7급
06 교행직 9급

☑ 의문문/부정문에서 need가 「일반동사인지(뒤에 to RV)」 vs 「조동사인지(뒤에 원형부정사)」 확인

· Going to the dentist **doesn't** necessarily **need to be** a painful task. O
· Going to the dentist **need not** necessarily **be** a painful task. O
치과에 가는 것이 꼭 고통스러울 필요는 없다.

☑ 수동으로 해석될 경우, 목적어에 동명사가 왔는지 확인

· My hair **needs to wash**. X
· My hair **needs washing**(= **to be washed**). O
나는 머리를 감을 필요가 있다.

기출 O/X

41 나는 소년 시절에 독서하는 버릇을 길러 놓았어야만 했다. O / X
→ I ought to form a habit of reading in my boyhood. 17 국가직 9급

42 너는 어머니가 상 차리시는 것을 도와주는 것보다 차라리 빨래를 너는 편이 낫겠다. O / X
→ You may as well hang the washing out to dry as help your mother set the table. 18 기상직 9급

43 All the vehicles need repairing. 21 경찰직 2차 O / X

132

it is no use

21 지방직 9급
16 지방직 9급
15 경찰직 3차
14 국가직 7급

☑ 뒤에 동명사가 왔는지 확인 `to RV X`

· **It is no use** to cry over spilt milk.   X
· **It is no use** crying over spilt milk.   O
= **It is of no use** to cry over spilt milk.   O

우유를 엎지르고 울어봤자 소용없다.

> **+ Further Study**
>
> ▶ ~해도 소용없다
> It is no use[good] RVing
> = It is of no use to RV

133

cannot help

20 국가직 9급 / 경찰직 1차
16 지방직 7급
15 국회직 9급
14 국가직 7급
12 국가직 7급
09 국회직 8급
07 법원직 9급
06 대구시 9급

☑ 뒤에 동명사가 왔는지 확인 `to RV X`

· She **couldn't help** to laugh when she saw it.   X
· She **couldn't help** laughing when she saw it.   O

그녀는 그것을 봤을 때, 웃을 수밖에 없었다.

> **+ Further Study**
>
> ▶ cannot help RVing : ~하지 않을 수 없다
> = cannot but RV
> = have no choice but to RV
> = cannot choose[help] but RV
> (cannot 뒤의 help는 '피하다'의 뜻으로 쓰였음)

134

spend

20 법원직 9급
19 국회직 8급 / 서울시 7급
15 국회직 9급
05 서울시 9급
02 국가직 9급

☑ 뒤에 '돈/시간 + (in) RVing'가 나왔는지 확인 `to RV X`

· I **spend** my spare time to draw pictures.   X
· I **spend** my spare time (in) drawing pictures.   O

나는 여유 시간을 그림 그리는 데 쓴다.

> **+ Further Study**
>
> ▶ ~하는 데 돈/시간/노력을 쓰다
> spend + 돈/시간/노력 + ┌ (in) RVing
>   └ on 명사

135

worth

21 국가직 9급
16 국가직 7급
13 국가직 9급
09 서울시 9급
07 세무직 9급

☑ 뒤에 동명사가 왔는지 확인 to RV X

· It is difficult to find this tea, but it is **worth** to look for.   X
· It is difficult to find this tea, but it is **worth** looking for.   O
이 차를 구하는 것은 어려운 일이지만, 찾을 가치가 있다.

➕ **Further** Study

▶ be worth RVing = be worthy of RVing = be worthwhile to RV/RVing

☑ 동명사의 목적어가 주어로 오는 경우, 동명사의 목적어가 없는지 확인 목적어 중복 X

· This movie is certainly **worth** watching it.   X
· This movie is certainly **worth** watching.   O
이 영화는 분명히 볼 가치가 있다.

기출 O/X

44 학생들을 설득하려고 해 봐야 소용없다.   O / X

→ It is no use try to persuade the students. 21 지방직 9급

45 When I met her for the first time, I couldn't help but fall in love with her. 20 경찰직 1차   O / X

46 그녀는 그 사고 때문에 그녀의 목표를 포기할 수밖에 없었다.   O / X

→ She had no choice but give up her goal because of the accident. 20 국가직 9급

47 You can spend an afternoon or an entire day driving on a racetrack in a genuine race car. 19 서울시 7급   O / X

48 그의 스마트 도시 계획은 고려할 만했다.   O / X

→ His plan for the smart city was worth considered. 21 국가직 9급

85⁺ 어휘

136

prefer

17 지방직 9급
15 경찰직 3차
14 서울시 9급 / 기상직 9급

☑ 비교 대상이 없는 경우, 목적어로 to RV와 동명사 모두 가능

· She **prefers to travel** by train.　　　　　　　　　　　　　O
· She **prefers travelling** by train.　　　　　　　　　　　　O
　그녀는 기차로 여행하는 것을 좋아한다.

☑ 비교 대상이 있는 경우, 뒤에 'RVing to RVing' 또는 'to RV (rather) than (to) RV' 구조인지 확인

· I **prefer** to reading a book **than** to playing football.　　　X
· I **prefer** reading a book **to** playing football.　　　　　　　O
· I **prefer** to read a book **(rather) than** (to) play football.　　O
　나는 축구를 하는 것보다 책을 읽는 것을 좋아한다.

☑ preferable 뒤에 전치사 to가 있는지 확인 than X

· The city is **preferable** than other cities for its environment.　X
· The city is **preferable** to other cities for its environment.　　O
　그 도시는 환경 때문에 다른 도시들보다 선호된다.

137

superior

18 경찰직 1차
05 국가직 7급

☑ ⓐ 뒤에 전치사 to가 있는지 확인 than X
　ⓑ 비교되는 두 대상의 급이 맞는지 확인

· She always acts **superior** than everyone else.　　　　　　X
· She always acts **superior** to everyone else.　　　　　　　O
　그녀는 항상 다른 누구보다도 더 뛰어나게 행동한다.

☑ (by) far/even/much/still/a lot으로 수식했는지 확인 very X, more X

· For a significant theory, two tests are **very superior** to one.　X
· For a significant theory, two tests are **more superior** to one.　X
· For a significant theory, two tests are **far superior** to one.　O
　중요한 학설에 관해서는, 한 번보다는 두 번의 테스트가 훨씬 낫다.

138

of + 추상명사

21 지방직 9급
19 국가직 9급 / 기상직 9급
12 사복직 9급
10 지방직 7급

☑ **of 뒤에 명사가 있는지 확인**

· This project is **of great important** to us.　　　　　**X**
· This project is **of great importance** to us.　　　　**O**
　이 계획은 우리에게 매우 중요하다.

cf 전치사 + 추상명사 = 부사구

> with ease 쉽게 at ease 편안하게 by accident 우연히 on occasion 때때로

기출 O/X

49　나는 눈 오는 날 밖에 나가는 것보다 집에 있는 것을 더 좋아한다.　　　　O / X

　　→ I prefer to staying home than to going out on a snowy day. 17 지방직 9급

50　A small town seems to be preferable than a big city for raising children. 17 지방직 9급　　O / X

51　새로운 관리자는 이전 관리자보다 더 우수하다.　　　　O / X

　　→ The new manager is more superior to the old one. 18 경찰직 1차

52　When you are driving on rain-slick, icy, or winding roads, good traction is　　O / X

　　of paramount important. 19 기상직 9급

139

**,(콤마) + some
of whom[which]**

☑️ **목적격 관계대명사 whom[which]이 왔는지 확인** them X

· There are cats under the tree, **some of** them are fat.　　　X
· There are cats under the tree, **some of** which are fat.　　　O
= There are cats under the tree, **and some of** them are fat.　　　O
　나무 아래 고양이들이 있는데, 그 중 몇 마리는 뚱뚱하다.

140

**관계사 + S
+ believe**

☑️ **관계사의 격(주격 vs 목적격) 확인**

· He is the man **whom** we believe **is** kind.　　　X
· He is the man **who** we believe **is** kind.　　　O
　그는 우리가 믿기에 친절한 사람이다.

☑️ **관계사절 내 동사의 수일치 확인**

· I call up **players** who I believe **is** useful for the team.　　　X
· I call up **players** who I believe **are** useful for the team.　　　O
　나는 내가 믿기에 팀에 도움이 되는 선수들을 소집한다.

➕ **Further Study**

▶ 삽입절 구문
S + believe, think, hear, say, feel, be sure 등

141

전치사 + 관계대명사

☑️ **뒤에 완전한 문장이 왔는지 확인**

· The hours **which a library is open** will be posted.　　　X
· The hours **during which a library is open** will be posted.　　　O
　도서관이 문을 여는 시간이 게시될 것이다.

☑️ **알맞은 전치사를 사용했는지 확인**

· It is factionalism **for which** we should **object**.　　　X
· It is factionalism **to which** we should **object**.　　　O
　우리가 반대해야 할 것은 파벌주의이다.

[142]

who(m)ever

20 지방직 9급
16 지방직 7급
09 서울시 9급
07 국가직 7급

☑ 복합관계사의 격(주격 vs 목적격) 확인

· I will give an opera ticket to **whomever** **wants** it.   X
· I will give an opera ticket to **whoever** **wants** it.   O
원하는 사람은 누구든 오페라 티켓을 줄 것이다.

☑ 주격 보어로 쓰인 경우 whoever를 썼는지 확인 whomever X

· These people, **whomever** they **are**, are enemies of our country.   X
· These people, **whoever** they **are**, are enemies of our country.   O
이 사람들은, 그들이 누구든 간에, 우리나라의 적이다.

기출 O/X

53   그는 여행 중에 많은 사람을 만났고 그들 중 일부는 그의 친구가 되었다.   O / X
→ He met many people during his trip, some of them became his friends. 21 경찰직 1차

54   This is the boy whom I believe deceived me. 12 경찰직 1차   O / X

55   To find a good starting point, one must return to the year 1800 during which   O / X
the first modern electric battery was developed. 22 국가직 9급

56   책임감이 그로 하여금 결국 자신을 희생하게 한 위험한 일을 맡도록 재촉하였다.   O / X
→ His sense of responsibility urged him to undertake the dangerous task which
he eventually sacrificed himself. 14 국가직 7급

57   설문지를 완성하는 누구에게나 선물카드가 주어질 예정이다.   O / X
→ A gift card will be given to whomever completes the questionnaire. 20 지방직 9급

143

every

21 지방직 9급
20 지방직 7급
19 국회직 8급
18 국회직 9급
16 기상직 7급
15 경찰직 2차
14 국회직 8급
12 사복직 9급 / 교행직 9급
12 국가직 9급
11 국회직 9급
10 지방직 9급
08 국가직 7급

☑ 뒤에 '단수 명사 + 단수 동사'가 왔는지 확인 복수 명사 X, 복수 동사 X

- **Every** rooms in the house **were** painted white.   X
- **Every** room in the house **was** painted white.   O
  집에 있는 모든 방은 하얀색으로 칠해졌다.

☑ **every** + 기간명사가 나오는 경우, '기수 + 복수 명사' 또는 '서수 + 단수 명사'인지 확인

- She has a day off **every** five days.   O
- She has a day off **every** fifth day.   O
  그녀는 5일마다 하루 쉰다.

☑ 앞에 **not**이 있으면 해석이 부분부정인지 확인 전체부정 X

- **Not every** man can be a poet.
  → 모든 사람이 시인이 될 수 없다.   X
  → 모든 사람이 다 시인이 될 수 있는 것은 아니다.   O

> **+ Further Study**
>
> ▶ 'no + 명사'는 전체부정을 나타낸다.
> **No** man can live without food.
> → 먹을 것이 없으면 아무도 살지 못한다.   O

144

each

19 서울시 9급 / 경찰직 1차
14 기상직 9급 / 지방직 9급
10 국회직 8급
02 경찰직 3차

☑ 뒤에 '단수 명사 + 단수 동사'가 왔는지 확인 복수 명사 X, 복수 동사 X

- **Each** members of the team **is** given a job to do.   X
- **Each** member of the team **are** given a job to do.   X
- **Each** member of the team **is** given a job to do.   O
  그 팀의 각 멤버들에게 해야 할 일이 한 가지씩 주어졌다.

cf each가 대명사로 쓰인 경우

each + of + 복수 명사 + 단수 동사

> **+ Further Study**
>
> ┌ each : 대명사로도 쓰임
> └ every : 대명사로는 쓰이지 않음

145

all

21 경찰직 2차
19 서울시 9급
18 지방직 9급
10 국회직 8급
05 국회직 8급

☑ **all (of) 한정사 뒤에 '복수 명사 + 복수 동사' 또는 '단수 명사 + 단수 동사'가 왔는지 확인**

· **All of her** major **plays has** been translated into English.　　　　　X
· **All of her** major **plays have** been translated into English.　　　　　O
　그녀의 주요한 희곡들 모두는 영어로 번역되었다.

· **All of the information** remain confidential.　　　　　　　　　　　　X
· **All of the information** remains confidential.　　　　　　　　　　　　O
　모든 정보는 기밀로 유지된다.

➕ **Further Study**

▶ all이 부정대명사로 쓰일 경우, 사람이면 복수 취급하고, 사물이면 단수 취급한다.

All that he could do **was** to run away. [all(사물) + 단수 동사]　　　　O
그가 할 수 있는 모든 것은 도망치는 것이었다.

All invited to the party **were** surprised at his unusual behavior. [all(사람) + 복수 동사] O
파티에 초대된 모든 사람들은 그의 이상한 행동에 놀랐다.

☑ **앞에 not이 있으면 해석이 부분부정인지 확인** 전체부정 X

· **Not all** computer games are harmful to youths.
　→ 모든 컴퓨터 게임들은 젊은이들에게 해롭지 않다.　　　　　　　　　　X
　→ 모든 컴퓨터 게임들이 젊은이들에게 해로운 것은 아니다.　　　　　　　O

☑ **전치 한정사로 쓰인 경우, 다른 한정사 앞에 왔는지 확인** 한정사 뒤 X

· He has worked **his all** life in the mine.　　　　　　　　　　　　　X
· He has worked **all his** life in the mine.　　　　　　　　　　　　　O
　그는 한평생 광산에서 일했다.

기출 O/X

58　나의 집은 5년마다 페인트칠된다.　　　　　　　　　　　　　　　　　O / X
　　→ My house is painted every five years. 21 지방직 9급

59　Each of these animals has special cells under its skin. 19 서울시 9급　　　O / X

60　모든 정보는 거짓이었다.　　　　　　　　　　　　　　　　　　　　　O / X
　　→ All of the information were false. 18 지방직 9급

---

[146]

another

20 지방직 7급
19 지방직 7급
18 서울시 9급
14 국회직 9급 / 국가직 7급
12 국가직 7급

☑ 뒤에 '단수 명사 + 단수 동사'가 왔는지 확인 복수 명사X, 복수 동사X

· **Another** ways to communicate are through facial expressions.   X
· **Another** way to communicate is through facial expressions.   O
  의사소통을 하는 또 다른 방법은 얼굴 표정을 통해서이다.

cf 뒤에 수사가 나온 경우, 복수 명사 가능

Experts suspected that **another** 300 people in China had the same disease.   O
전문가들은 중국의 또 다른 300명의 사람들이 같은 질병에 걸렸다고 추정했다.

☑ one thing ~ another 구조인지 확인

· To like him is one thing, (and) to support him is the other.   X
· To like him is one thing, (and) to support him is another.   O
  그를 좋아하는 것과 그를 지지하는 것은 별개다.

+ Further Study
▶ A is one thing, (and) B is another : A와 B는 별개다

☑ another vs the other

여럿 중 두 개의 대상을 언급하는 경우에는 one과 another를, 단 두 개의 대상을 차례로 언급하는 경우에는 one과 the other를 써야 한다.

· In U.S., one side of a coin is called 'heads' and another side is called 'tails'.   X
· In U.S., one side of a coin is called 'heads' and the other side is called 'tails'.   O
  미국에서 동전의 한쪽은 '머리'라고 불리고 다른 한쪽은 '꼬리'라고 불린다.

---

[147]

many a

20 국회직 8급
17 지방직 9급
14 지방직 9급
11 국회직 9급

☑ 뒤에 '단수 명사 + 단수 동사'가 왔는지 확인 복수 명사X, 복수 동사X

· **Many a** patients have gone through this same painful process.   X
· **Many a** patient has gone through this same painful process.   O
  많은 환자들은 이와 같은 고통스러운 과정들을 겪어 왔다.

+ Further Study
┌ many a + 단수 명사 + 단수 동사
└ many + 복수 명사 + 복수 동사

[148]

well

22 국가직 9급
12 경찰직 2차

☑ 형용사 good과 구별

· She did **good** on her midterms.　　X
· She did **well** on her midterms.　　O
　그녀는 중간고사를 잘 쳤다.

· His job performance is quite **well**.　　X
· His job performance is quite **good**.　　O
　그의 업무 성과는 꽤 좋다.

> ➕ **Further** Study
>
> ▶ well : [부사] 잘 / [형용사] 건강한; 적절한 / [명사] 우물
>
> His campaign was not going **well**.　　O
> 그의 선거운동은 잘 진행되지 않았다.
>
> She doesn't feel very **well**.　　O
> 그녀는 몸이 별로 **건강하지** 않다.
>
> The water from this **well** is not fit to drink.　　O
> 이 **우물**의 물은 식수로 적합하지 않다.

[149]

late/lately

19 지방직 7급
14 서울시 9급
12 국회직 8급 / 사복직 9급
12 지방직 9급 / 국회직 8급
10 경찰직 1차

☑ 해석을 통해 「late(늦은, 늦게)」 vs 「lately(최근에)」 확인

· Ellen has to work **late** tonight.　　O
　Ellen은 오늘 늦은 밤까지 일해야 한다.

· I've been really tired **lately**.　　O
　나 요즘 정말 피곤해.

기출 O/X

61　일하는 것과 돈 버는 것은 별개의 것이다.　　O / X

　→ To work is one thing, and to make money is another. 14 국가직 7급

62　Many a careless walker was killed in the street. 14 지방직 9급　　O / X

63　Even young children like to be complimented for a job done good. 22 국가직 9급　　O / X

64　The number of employees who come lately has lately increased. 10 경찰직 1차　　O / X

85⁺ 어휘

150

too

17 지방직 9급 / 국가직 9급
16 국가직 7급
13 지방직 9급
08 경찰직 2차 / 지방직 7급
07 국가직 7급
05 서울시 9급

☑ [too ~ to] 구문에서

1 too와 to인지 확인 `so X`

· It's **so** early **to** have dinner now.   X
· It's **too** early **to** have dinner now.   O
지금 저녁 식사를 하기에는 너무 이르다.

2 to RV의 목적어가 주어로 오는 경우, to RV의 목적어가 없는지 확인 `목적어 중복 X`

· The problem is **too** difficult for us **to** solve it.   X
· The problem is **too** difficult for us **to** solve.   O
그 문제는 우리가 해결하기에 너무 어렵다.

☑ 문장 끝부분에 있는 경우, 앞 문장이 긍정문인지 확인 `부정문 뒤 X`

· He enjoys fish, and she does, **either**.   X
· He enjoys fish, and she does, **too**.   O
그는 생선을 즐기며, 그녀 또한 마찬가지이다.

> **+ Further Study**
> ▶ ~도 또한
> ┌ 긍정문 + too
> └ 부정문 + either

☑ too + 형 + a(n) + 명 어순인지 확인

· Big cities face **too a high probability** of traffic congestion.   X
· Big cities face **too high a probability** of traffic congestion.   O
대도시에는 교통 체증이 일어날 가능성이 아주 크다.

151

very

15 경찰직 1차
14 경찰직 1차
13 경찰직 1차 / 지방직 7급
09 서울시 9급

☑ **[너무 ~해서] 구문에서**

1 뒤에 **to RV**가 오면, **too**가 아닌지 의심 `very X`

· She was **very** proud **to apologize**.   X
· She was **too** proud **to apologize**.   O
  그녀는 사과하기에는 너무나 자존심이 강했다.

2 뒤에 **that**절이 오면, **so ~ that** 구문이 아닌지 의심 `very X`

· This book is **very** difficult **that** the child cannot read it.   X
· This book is **so** difficult **that** the child cannot read it.   O
  이 책은 너무 어려워서 아이가 읽을 수 없다.

☑ **뒤에 비교급이 오면, much가 아닌지 의심** `very X`

· This smart phone is **very cheaper** than yours.   X
· This smart phone is **much cheaper** than yours.   O
  이 스마트폰은 너의 것보다 훨씬 더 싸다.

기출 O/X

65 그는 문자 메시지에 너무 정신이 팔려서 제한속도보다 빠르게 달리고 있다는 것을 몰랐다.   O / X
→ He was so distracted by a text message to know that he was going over the speed limit. 17 국가직 9급

66 그 수학 문제는 너무 어려워서 그 학생이 답을 할 수 없었다.   O / X
→ The math question was too tough for the student to answer it. 16 국가직 7급

67 The population of Seoul is very larger than that of London. 09 서울시 9급   O / X

85⁺ 어휘

152

and

23 법원직 9급
22 지방직 9급
18 기상직 9급
17 지방직 7급 / 서울시 7급
17 기상직 9급 / 국가직 9급
16 국가직 7급
14 지방직 9급
13 서울시 7급
12 지방직 9급 / 서울시 9급

☑ 병렬되는 대상들의 급이 일치하는지 확인

· Her hobbies include painting, gardening, **and to play** the piano. X
· Her hobbies include painting, gardening, **and playing** the piano. O

그녀의 취미에는 그림 그리기, 정원 가꾸기, 피아노 연주가 있다.

cf 등위접속사

| and 그리고 or 또는 but[yet] 그러나 so 그래서 |

153

not only
A but (also) B

19 서울시 7급 / 경찰직 2차
18 국회직 9급
15 기상직 7급
11 법원직 9급 / 국가직 7급
04 서울시 9급

☑ 주어 자리에 오는 경우, B에 수일치 했는지 확인 A에 수일치 X

· **Not only** you **but also** he **are** responsible for it. X
· **Not only** you **but also** he **is** responsible for it. O

당신분만 아니라 그도 그것에 책임이 있습니다.

☑ 문두에 오는 경우, not only 뒤에 주어와 동사의 도치 확인

· **Not only he let** himself down, **but** he let his team down. X
· **Not only did he let** himself down, **but** he let his team down. O

그는 자기 자신분만 아니라 그의 팀도 실망시켰다.

154

A as well as B

15 기상직 9급
10 국가직 9급

☑ A에 수일치 했는지 확인 B에 수일치 X

· He **as well as** you **are** responsible for it. X
· He **as well as** you **is** responsible for it. O

당신분만 아니라 그도 그것에 책임이 있습니다.

> ➕ **Further Study**
>
> ┌ A as well as B : A에 수일치
> └ not only A but also B : B에 수일치

---

[155]

barely

19 기상직 9급
15 기상직 9급
09 지방직 7급

☑ not이나 never가 없는지 확인 부정어 중복 X

· He could **not barely** notice my new dress.   X
· He could **barely** notice my new dress.   O
  그는 나의 새 드레스를 거의 알아보지 못했다.

☑ 문두에 오는 경우, 주어와 동사의 도치 확인

· **Barely** the class had started when the fire bell rang.   X
· **Barely** had the class started when the fire bell rang.   O
  수업이 시작하자마자 화재 경종이 울렸다.

+ Further Study

▶ barely A when[before] B : A하자마자 B하다

기출 O/X

68 My home offers me a feeling of security, warm, and love. 22 지방직 9급   O / X

69 Not only she is modest, but she is also polite. 19 경찰직 2차   O / X

70 그 남자뿐만 아니라 너도 그 실패에 책임이 있다.   O / X
    → You as well as he are responsible for the failure. 10 국가직 9급

71 거의 들리지 않는데, 소리 좀 높여 주시겠습니까?   O / X
    → I can't barely hear that, would you please turn the volume up? 19 기상직 9급

156

advice

20 경찰직 2차
19 서울시 7급
18 지방직 9급
17 국회직 8급
13 지방직 9급
12 지방직 7급
10 국가직 7급
09 지방직 9급

☑ **불가산명사임에 유의** a(n) X, 복수형 X

· My father gave me sincere **advices** that I've never forgotten. X
· My father gave me sincere **advice** that I've never forgotten. O
  아버지는 내가 절대 잊은 적 없는 진심 어린 조언을 해주셨다.

➕ **Further Study**

▶ 셀 수 없는 불가산명사들
advice 충고 homework 숙제 knowledge 지식 evidence 증거 furniture 가구 information 정보

157

police

19 경찰직 1차
16 지방직 9급
97 서울시 9급

☑ **복수 동사로 수일치 되었는지 확인** 단수 동사 X

· The **police** was injured during the riot. X
· The **police** were injured during the riot. O
  경찰들이 폭동 중에 부상을 입었다.

158

statistics

21 경찰직 1차
05 경찰직 2차

☑ **해석을 통해 「'통계학'인지(단수 취급)」 vs 「'통계수치'인지(복수 취급)」 확인**

· **Statistics** are a branch of mathematics. X
· **Statistics** is a branch of mathematics. O
  통계학은 수학의 한 분야이다.

· The **statistics** says eight people die each day waiting for a transplant. X
· The **statistics** say eight people die each day waiting for a transplant. O
  통계 자료에 따르면 매일 8명의 사람들이 장기 이식을 기다리다가 죽는다.

[159]

the + 형용사

20 국가직 9급
19 국회직 9급
18 국회직 9급
17 지방직 9급 / 국가직 9급

☑ 복수 동사로 수일치 되었는지 확인 [단수 동사 X]

· **The wealthy is** particularly fearful of social unrest.　　　　　**X**
· **The wealthy are** particularly fearful of social unrest.　　　　　**O**
　부자들은 특히 사회적 동요를 두려워한다.

☑ '~하는 사람들'로 해석되는 경우, 형용사가 왔는지 확인 [명사 X, 부사 X]

· **The wealth** have much influence over politics.　　　　　　　**X**
· **The wealthy** have much influence over politics.　　　　　　　**O**
　부자들은 정치에 많은 영향을 끼친다.

⊕ **Further** Study

▶ 시험에 자주 출제되는 〈the + 형용사〉 표현

the young 젊은이들　　　　　　　the old[elderly] 노인들

the poor 가난한 사람들　　　　　　the rich[wealthy] 부자들

the wounded 부상자들　　　　　　the blind 시각장애인들

기출 O/X

72　나는 그에게 충고 한마디를 했다.　　　　　　　　　　　　　　　　　O / X

　　→ I gave him an advice. 20 경찰직 2차

73　경찰은 집안 문제에 대해서는 개입하기를 무척 꺼린다.　　　　　　　O / X

　　→ The police are very unwilling to interfere in family problems. 16 지방직 9급

74　Statistics show that about 50% of new businesses fail in their first year. 21 경찰직 1차　　O / X

75　Raisins were once an expensive food, and only the wealth ate them. 20 국가직 9급　　O / X

160

both

20 경찰직 1차
17 사복직 9급
15 지방직 9급 / 경찰직 2차
15 기상직 7급
11 경찰직 2차
09 지방직 7급
00 국가직 7급
91 국회직 9급

☑ **상관접속사로 쓰인 경우, 상관어구 짝이 and인지 확인** or X

· **Both** he **or** his wife enjoy tennis.   **X**
· **Both** he **and** his wife enjoy tennis.   **O**
    그와 그의 아내 모두 테니스를 즐긴다.

☑ **복수 동사로 수일치 되었는지 확인** 단수 동사 X

· **Both** his mother and father **was** at the airport.   **X**
· **Both** his mother and father **were** at the airport.   **O**
    그의 어머니와 아버지는 모두 공항에 있었다.

161

either

15 경찰직 2차 / 기상직 7급
13 지방직 9급
08 지방직 9급 / 지방직 7급
08 선관위 7급

☑ **상관접속사로 쓰인 경우**

1 **상관어구 짝이 or인지 확인** nor X

· **Either** eat some more, **nor** take some of those meatballs home.   **X**
· **Either** eat some more, **or** take some of those meatballs home.   **O**
    미트볼을 좀 더 먹거나, 집에 가지고 가든가 해라.

2 **either A or B에서 B에 수일치 했는지 확인** A에 수일치 X

· **Either** you **or** she **are** responsible for the accident.   **X**
· **Either** you **or** she **is** responsible for the accident.   **O**
    당신이나 그녀 중 한 명이 그 사고에 책임이 있다.

☑ **대명사로 쓰인 경우, 단수 동사로 수일치 되었는지 확인** 복수 동사 X

· **Don't either** of your kids want to be a journalist?   **X**
· **Doesn't either** of your kids want to be a journalist?   **O**
    당신의 아이들 중 한 명이 언론인이 되고 싶어하지 않나요?

☑ **문장 끝 부분에 있는 경우, 앞 문장이 부정문인지 확인** 긍정문 뒤 X

· I have**n't** seen the movie and my brother has**n't too**.   **X**
· I have**n't** seen the movie and my brother has**n't either**.   **O**
    나는 그 영화를 본 적이 없는데 나의 동생도 마찬가지다.

162

neither

20 국회직 8급
17 국가직 9급 / 사복직 9급
16 사복직 9급 / 기상직 9급
13 지방직 7급
08 국가직 7급 / 경찰직 1차

☑ 상관접속사로 쓰인 경우

1 상관어구 짝이 nor인지 확인 `or X`

· The equipment is **neither** accurate **or** safe.   X
· The equipment is **neither** accurate **nor** safe.   O
  그 장비는 정확하지도 안전하지도 않다.

2 neither A nor B에서 **B**에 수일치 했는지 확인 `A에 수일치 X`

· **Neither** you **nor** she **are** responsible for the accident.   X
· **Neither** you **nor** she is responsible for the accident.   O
  당신이나 그녀는 그 사고에 책임이 없다.

☑ 대명사로 쓰인 경우, 단수 동사로 수일치 되었는지 확인 `복수 동사 X`

· **Neither** of the two tactics **seem** to have worked very well.   X
· **Neither** of the two tactics **seems** to have worked very well.   O
  두 전략 중에 어떠한 전략도 매우 잘 실행되었던 것 같지 않다.

☑ 부정부사로 쓰인 경우

1 앞 문장에 대한 부정 동의로 쓰인 경우, 주어와 동사의 도치 확인

· Tom didn't believe a word she said, and **neither** the police did.   X
· Tom didn't believe a word she said, and **neither** did the police.   O
  Tom은 그녀가 한 말을 믿지 않았는데, 경찰도 마찬가지였다.

2 뒤에 대동사(be/do/have/조동사)가 맞게 쓰였는지 확인

· He **did** not remember her name and **neither** was I.   X
· He **did** not remember her name and **neither** did I.   O
  그는 그녀의 이름을 기억하지 못했고 나도 마찬가지였다.

기출 O/X

76 Both her work on the school plays and her dedication to teaching has gained   O / X
    Ms. Baker much respect. 15 기상직 7급

77 George has not completed the assignment yet, and Mark hasn't either. 13 지방직 9급   O / X

78 They didn't believe his story, and neither did I. 17 국가직 9급   O / X

163

like

19 기상직 9급
16 교행직 9급
02 국가직 7급
01 국가직 7급

☑ **alike와 구별**

· She laughed **alike a child** and played with her hair.　　X
· She laughed **like a child** and played with her hair.　　O

그녀는 아이처럼 웃으면서 머리를 만지작거렸다.

➕ **Further** Study

┌ like + 명사 (O)
└ alike + 명사 (X)

164

beside

22 서울시 9급
17 지방직 7급
12 지방직 9급

☑ **besides와 의미 구별**

그는 밤새도록 그녀의 옆에 앉아 있었다.

→ He sat **besides** her all night.　　X
→ He sat **beside** her all night.　　O

우리는 음악 외에도 많은 공통점을 가지고 있다.

→ We have lots of things in common **beside** music.　　X
→ We have lots of things in common **besides** music.　　O

➕ **Further** Study

┌ beside : [전치사] ~옆에
└ besides : [전치사] ~외에도 / [접속부사] 게다가

165

until/by

23 국가직 9급
14 지방직 7급
13 지방직 9급 / 국가직 7급
13 국회직 9급
12 국가직 9급 / 기상직 9급
11 서울시 9급 / 국가직 7급
10 지방직 9급 / 지방직 7급
08 국회직 8급
06 국회직 8급

☑ **until = '계속' / by = '늦어도'를 넣고 해석하여 구별**

· The ticket is valid **by** March.　　X
· The ticket is valid **until** March.　　O

그 티켓은 3월까지 (계속) 유효합니다.

· You have to finish this work **until** next week.　　X
· You have to finish this work **by** next week.　　O

당신은 (늦어도) 다음 주까지 이 일을 끝내야 한다.

166

be known

22 국가직 9급
20 국회직 8급
18 국회직 8급
17 지방직 7급
16 기상직 7급

☑ be known 뒤의 전치사에 따른 의미 구별

· She **is known** as office chatterbox.   O
  그녀는 사무실 수다쟁이로 알려져 있다.

· He **is known** to everybody.   O
  그는 모두에게 알려진 사람이다.

· A man **is known** by the company he keeps.   O
  사람은 그가 사귀는 친구를 보면 알 수 있다.

· He **is known** for his activities as a composer.   O
  그는 그의 작곡가로서의 활동으로 유명하다.

➕ **Further Study**

┌ be known as : ~로서 알려지다 [알려진 자격]
├ be known to : ~에게 알려지다 [알려진 대상]
├ be known by : ~에 의해 알 수 있다 [판단의 기준]
└ be known for : ~로 유명하다 [유명한 이유]

기출 O/X

79 Kids and tickling go together alike milk and cookies. 16 교행직 9급   O / X

80 Beside literature, we have to study history and philosophy. 12 지방직 9급   O / X

81 우리는 그 일을 이번 달 말까지 끝내야 한다.   O / X
→ We have to finish the work until the end of this month. 23 국가직 9급

82 내일까지 논문을 제출하는 것은 불가능하다고 생각한다.   O / X
→ I think it impossible to hand in the paper by tomorrow. 10 지방직 9급

83 She was born in the Addis Ababa province of northern Africa, an area known as   O / X
its spectacular vistas. 18 국회직 8급

85⁺ 어휘

167

under[in] no circumstances

15 지방직 9급 / 지방직 7급

☑️ **문두에 오는 경우, 주어와 동사의 도치 확인**

· **Under[In] no circumstances** a student can enter the room.　　**X**
· **Under[In] no circumstances can** a student **enter** the room.　　**O**
　어떠한 경우에도 학생은 이 방에 들어갈 수 없다.

☑️ **not이나 never가 없는지 확인** 부정어 중복 X

· **Under[In] no circumstances can't** a student enter the room.　　**X**
· **Under[In] no circumstances can** a student enter the room.　　**O**
　어떠한 경우에도 학생은 이 방에 들어갈 수 없다.

168

on no account

08 지방직 9급

☑️ **문두에 오는 경우, 주어와 동사의 도치 확인**

· **On no account** you should attempt this exercise if you're pregnant. **X**
· **On no account should** you **attempt** this exercise if you're pregnant. **O**
　임신 중이라면, 무슨 일이 있어도 이 운동은 절대 하지 말아야 합니다.

☑️ **not이나 never가 없는지 확인** 부정어 중복 X

· **On no account** must you **not** disturb me when I'm working.　　**X**
· **On no account** must you disturb me when I'm working.　　**O**
　내가 일하고 있을 때는, 어떠한 경우라도 방해해서는 안 된다.

169

among/under/on

20 지방직 9급
15 사복직 9급
14 서울시 9급

☑️ **문두에 오고 1형식 자동사인 경우, 주어와 동사의 도치 가능 (수일치에 유의)**

· **On** the table **was** two bottles of wine.　　**X**
· **On** the table **were** two bottles of wine.　　**O**
　테이블 위에 와인 2병이 있었다.

cf 주어가 대명사인 경우, 도치되지 않는다.

170

only + 부사

☑ 문두에 오는 경우, 주어와 동사의 도치 확인

· **Only then** she told him about the accident.　　　　X
· **Only then** did she tell him about the accident.　　　O
그때서야 그녀는 그에게 그 사고에 대해 말했다.

➕ **Further** Study

▶ only가 형용사로 쓰이면 도치가 발생하지 않는다.

Only can you solve the problem which we can't solve.　　X
Only you can solve the problem which we can't solve.　　O
오직 너만이 우리가 못 푸는 그 문제를 풀 수 있다.

기출 O/X

84　어떤 상황에서도 너는 이곳을 떠나면 안 된다.　　　　　　　　　　　　　　　O / X
　　→ Under no circumstances you should not leave here. 15 지방직 9급

85　어떠한 경우에도 낯선 사람들을 들어오게 해서는 안 된다.　　　　　　　　　　O / X
　　→ On no account must strangers be let in. 08 지방직 9급

86　Among her most prized possessions sold during the evening sale were a 1961　　O / X
　　bejeweled timepiece by Bulgari. 20 지방직 9급

87　Only when she left the party did he arrived there. 21 경찰직 1차　　　　　　　O / X

171

no more[less]
~ than

19 기상직 9급
17 지방직 7급
16 지방직 7급 / 지방직 9급
12 교행직 9급
10 지방직 7급

☑ 해석 주의 (no와 than을 as ~ as로 바꾸고 as ~ as 사이의 뜻을 반대로 바꾸어 해석)

· I could **no more** offer answers **than** the next person.
→ 나는 다음 사람만큼 질문들에 좀 더 대답할 수 없었다.　　　　　　　X
→ 다음 사람이 대답하지 못했던 것과 마찬가지로 나도 질문들에 대답하지 못했다.　O

☑ than 이하가 긍정문인지 확인 `부정문 X`

· I know **no more than** you don't about her.　　　　　　　　X
· I know **no more than** you do about her.　　　　　　　　　O
나도 네가 모르는 것과 마찬가지로 그녀에 대해서 아는 것이 없다.

+ **Further Study**

▶ not more[less] than은 직역
You are **not more** diligent **than** he is.
→ 당신은 그 남자보다 근면하지 않다.　　　　　　　　　　　　O

172

not so much
A as B

18 국가직 9급 / 기상직 9급
13 국가직 7급
07 국가직 7급
04 서울시 9급

☑ A와 B의 위치와 급이 맞는지 확인

당신의 삶은 삶이 당신에게 가져오는 것에 의해서가 아니라 당신이 삶에 대해 취하는 자세에 의해 결정된다.

→ Your living is determined **not so much** by the attitude you bring to life **as** by what life brings to you.　　　　　　　　　X
→ Your living is determined **not so much** by what life brings to you **as** by the attitude you bring to life.　　　　　　　　O

+ **Further Study**

▶ not so much as : ~조차도 아닌
They could **not so much as** drink water.　　　　　　　　　O
그들은 물을 마실 수조차 없었다.

173

the 비교급,
the 비교급

☑ the가 양쪽에 있는지 확인

· **The more** friends you have, **happier** you are.　　　　　X
· **The more** friends you have, **the happier** you are.　　　　O
친구가 많을수록, 더 행복하다.

☑ 비교급이 쓰였는지 확인 최상급 X, 원급 X

· **The more** friends you have, **the happiest** you are.　　　X
· **The more** friends you have, **the happier** you are.　　　O
친구가 많을수록, 더 행복하다.

☑ the + 형용사나 부사의 비교급이 주어보다 앞에 있는지 확인

· **The more** it is dangerous, the more I want to do it.　　　X
· **The more** dangerous it is, the more I want to do it.　　　O
위험할수록 나는 그 일이 더 하고 싶어진다.

기출 O/X

88 그녀의 어머니에 대해서는 나도 너만큼 아는 것이 없다.　　　　　　　　　O / X
→ I know no more than you don't about her mother. 16 지방직 9급

89 내 인생에서 가장 중요한 목표는 인정을 받는 것보다는 성공을 하는 것이다.　　　O / X
→ The most important goal in my life is not so much achieving success as receiving recognition. 18 기상직 9급

90 The more they attempted to explain their mistakes, the worst their story sounded. 18 지방직 9급　　　O / X

01 그 협정들은 작년 회의에서 합의된 것이다.   O / X

→ The arrangements were agreed on at the meeting last year. 12 국가직 9급

02 Radioactive waste must be disposed safely. 19 경찰직 1차   O / X

03 The Iliad and the Odyssey, the Koran, and the Old and New Testaments can all   O / X

refer to as myths. 19 국가직 9급

04 Convinced that he made a mistake, he apologized to his customers. 21 경찰직 1차   O / X

05 They informed that their children would run a 50 percent risk of inheriting the gene   O / X

for fatal neurological disorder. 13 기상직 9급

06 그것은 내게 지난 24년의 기억을 상기시켜준다.   O / X

→ It reminds me of the memories of the past 24 years. 20 지방직 9급

07 John reminded Mary that she should get there early. 17 서울시 9급   O / X

01 O

해설   agree on이 수동태로 쓰여도 전치사 on이 있어야 한다.

02 X, disposed → disposed of

해설   dispose of가 수동태로 쓰여도 전치사 of가 있어야 한다.

해석   방사성 폐기물은 안전하게 처리되어야 한다.

03 X, refer to as → be referred to as

해설   'refer to A as B'의 구조에서 A가 비어있고, 신화로 '간주되는' 것이므로 수동태로 써야 한다.

해석   일리아드와 오디세이, 코란, 구약과 신약 성경은 모두 신화로 간주될 수 있다.

04 O

해설   'convince A that절'이 수동태로 쓰이면, 'A be convinced that절'의 구조를 취해야 한다. convinced의 의미상 주어인 he가 '확신한' 것이므로 적절하게 쓰였다.

해석   그는 자신이 실수했다는 것을 확신하고 고객들에게 사과했다.

05 X, informed → were informed

해설   'inform A that절'이 수동태로 쓰이면, 'A be informed that절'의 구조를 취해야 한다.

해석   그들은 자녀가 치명적인 신경 질환 유전자를 물려받을 위험이 50%에 달할 것이라는 통지를 받았다.

06 O

해설   'remind A of B'의 구조로 적절하게 쓰였다.

07 O

해설   'remind A that절'의 구조로 적절하게 쓰였다.

해석   John은 Mary에게 그녀가 그곳에 일찍 도착해야 한다고 상기시켰다.

08 She requested that he stays longer for dinner. 17 경찰직 2차   O / X

09 The instructions require that we not use a red pen. 12 사복직 9급   O / X

10 We noticed them to come in. 11 서울시 9급   O / X

11 어제 눈이 많이 와서 많은 사람들이 길에서 미끄러졌다.   O / X
→ We had much snow yesterday, which caused lots of people slip on the road. 12 국가직 9급

12 판사는 죄수가 재구속되어야 한다고 명령했다.   O / X
→ The judge ordered that the prisoner was remanded. 18 경찰직 3차

13 7 is regarded as the lucky number. 11 국회직 9급   O / X

14 She supposed to phone me last night, but she didn't. 15 지방직 9급   O / X

08 X, stays → (should) stay

해설 request의 목적어로 나온 that절의 동사는 (should) RV의 형태를 취해야 한다.

해석 그녀는 그가 저녁 식사를 위해 좀 더 머물 것을 요청했다.

09 O

해설 require의 목적어로 나온 that절의 동사는 (should) RV의 형태를 취해야 한다.

해석 그 지시 사항들은 우리가 빨간 펜을 사용하지 않을 것을 요구한다.

10 X, to come → come 혹은 coming

해설 notice가 지각동사로 쓰였고 그들이 '들어오는' 것이므로, 목적격 보어 자리에는 원형부정사 혹은 RVing가 와야 한다.

해석 우리는 그들이 들어오는 것을 보았다.

11 X, slip → to slip

해설 cause의 목적격 보어 자리에는 to RV가 와야 한다.

12 X, was → (should) be

해설 order 뒤에 that절이 올 경우, that절 내의 동사는 (should) RV의 형태를 취해야 한다.

13 O

해설 regard가 수동태로 쓰였고, 뒤에 as가 있는 것은 적절하다.

해석 7은 행운의 숫자로 여겨진다.

14 X, supposed → was supposed

해설 suppose는 '~하기로 되어 있다'라는 표현으로 쓸 때, 'be supposed to RV'의 형태로 쓴다.

해석 그녀는 어젯밤에 나한테 전화하기로 했는데, 하지 않았다.

15 그녀는 남편과 결혼한 지 20년 이상 되었다. ○ / ✕

→ She has married to her husband for more than two decades. 19 지방직 9급

16 *Blue Planet II* left viewers heartbroken after showing the extent to which plastic ○ / ✕

affects on the ocean. 18 서울시 9급

17 미각의 민감성은 개인의 음식 섭취와 체중에 크게 영향을 미친다. ○ / ✕

→ Taste sensitivity is largely influenced by food intake and body weight of individuals. 15 국가직 9급

18 그들은 그의 정직하지 못함을 비난했다. ○ / ✕

→ They charged him with dishonesty. 11 사복직 9급

19 Will you accuse a lady to her face of smelling bad? 22 서울시 9급 ○ / ✕

20 The group was consisted of ten people. 12 사복직 9급 ○ / ✕

21 The committee consists with ten members. 19 경찰직 1차 ○ / ✕

15 X, has → has been

해설 marry가 완전타동사로 쓰인 경우 뒤에 전치사를 취할 수 없고, '결혼한 상태'를 나타내는 것이므로 be married to의 형태가 적절하다.

16 X, affects on → affects

해설 affect는 완전타동사라 전치사 없이 목적어를 바로 취한다.

해석 'Blue Planet 2'는 플라스틱이 바다에 미치는 영향의 정도를 보여준 후 시청자들을 가슴 아프게 했다.

17 X, is largely influenced by → largely influences

해설 주어진 우리말을 참고하면 수동태가 아닌 능동태를 써야 한다.

18 O

해설 'charge A with B'의 형태로 적절하게 쓰였다.

19 O

해설 'accuse A of B'의 형태로 적절하게 쓰였다.

해석 당신은 숙녀가 나쁜 냄새를 풍긴다고 그녀를 면전에서 비난할 것인가?

20 X, was consisted → consisted

해설 consist of는 자동사라 수동태로 쓸 수 없다.

해석 그 그룹은 10명으로 구성되었다.

21 X, with → of

해설 '~로 구성되다'의 의미일 때는, consist of를 사용한다.

해석 위원회는 10명의 위원으로 구성되어있다.

22 나는 창문 옆에 앉아 있는 그 소녀를 안다.　　　　　　　　　　　　　　　　O / X
　　→ I know the girl sat by the window. 19 경찰직 2차

23 I asked Siwoo to borrow me twenty dollars. 20 경찰직 2차　　　　　　　　　O / X

24 He is the person I need to talk to about my daughter. 22 간호직 8급　　　O / X

25 네가 말하고 있는 사람과 시선을 마주치는 것은 서양 국가에서 중요하다.　　　O / X
　　→ Making eye contact with the person you are speaking to is important in
　　　western countries. 18 국가직 9급

26 Could you please say me the time? 09 서울시 9급　　　　　　　　　　　　O / X

27 Julie's doctor told her to stop eating so many processed foods. 17 지방직 9급　O / X

28 토요일까지 돈을 갚을 수 있다면, 돈을 빌려줄게.　　　　　　　　　　　　O / X
　　→ I'll lend you with money provided you will pay me back by Saturday. 15 국가직 7급

22 X, sat → sitting

해설   sit은 자동사라 p.p.의 형태로 쓸 수 없고, 의미상 소녀를 수식하는 현재분사로 써야 하므로 sitting이 적절하다.

23 X, borrow → lend

해설   borrow는 '빌리다'라는 뜻으로, 4형식 구조를 취할 수 없다.

해석   나는 Siwoo에게 20달러를 빌려달라고 부탁했다.

24 O

해설   the person과 I 사이에 목적격 관계대명사가 생략되어있고, talk to 뒤에 목적어 자리가 비어있는 것은 적절하다.

해석   그는 내가 내 딸에 대해 이야기해야 할 사람이다.

25 O

해설   the person과 you 사이에 목적격 관계대명사가 생략되어있고, speaking to 뒤에 목적어 자리가 비어있는 것은 적절하다.

26 X, say → say to 혹은 tell

해설   say는 4형식 구조를 취할 수 없으므로 tell을 쓰거나, say to me의 형태로 쓰는 것이 적절하다.

해석   몇 시인지 말씀해 주시겠어요?

27 O

해설   tell이 5형식 동사로 쓰여 목적격 보어에 to RV가 온 것은 적절하다.

해석   Julie의 의사는 그녀에게 너무 많은 가공식품을 먹지 말라고 말했다.

28 X, you with → you / will pay → pay

해설   lend는 4형식 동사라서 전치사 with를 삭제해야 하고, 주절이 미래시제이므로 provided절의 시제는 현재시제여야 한다.

29 혹시 내게 전화하고 싶은 경우에 이게 내 번호야.　　　　　　　　O / X

→ This is my number just in case you would like to call me. 19 지방직 9급

30 By the time you came back here, she will have left for her country. 21 경찰직 1차　　O / X

31 I wish I studied biology when I was a college student. 16 서울시 7급　　O / X

32 Upon winning the volleyball championship, Cathy leaped into the air as if　　O / X
she were spiking the ball. 15 기상직 7급

33 It is high time that we review our foreign policy in the Middle East. 09 지방직 9급　　O / X

34 Were it not for water, all living creatures on earth would be extinct. 18 지방직 9급　　O / X

35 But for your assistance, I would have difficulty. 19 경찰직 2차　　O / X

29 O

해설　in case (that) 뒤에 절이 온 것은 적절하다.

30 X, came → come 혹은 will have → had

해설　주절에 미래완료시제가 쓰였으므로, by the time 절에는 현재시제를 써야 한다. 또는 부사절의 시제가 과거시제(came)인 것에 맞추어 주절의 시제를 과거완료시제(had left)로 바꾸는 것도 가능하다.

해석　네가 여기 돌아올 때쯤이면, 그녀는 자기 나라로 떠난 상태일 것이다. / 네가 여기 돌아왔을 때쯤, 그녀는 자기 나라로 떠났었다.

31 X, studied → had studied

해설　뒤에 과거를 나타내는 부사절이 나왔으므로, 가정법 과거완료를 써야 한다.

해석　내가 대학생이었을 때 생물학을 공부했었더라면 좋을 텐데.

32 O

해설　as if 다음에 가정법 과거가 적절하게 쓰였다.

해석　배구 선수권 대회에서 우승하자마자, Cathy는 마치 그녀가 공을 스파이크 하듯이 공중으로 뛰어올랐다.

33 X, review → reviewed 혹은 should review

해설　It is high time that 뒤에 동사는 과거시제 혹은 should RV의 형태를 취해야 한다.

해석　이제 우리가 중동에서의 외교 정책을 재검토할 때이다.

34 O

해설　가정법 과거를 나타내는 Were it not for이 쓰였으므로, 주절에 would be는 적절하다.

해석　물이 없다면, 지구상의 모든 생물들은 멸종될 것이다.

35 O

해설　but for는 가정법 과거와 가정법 과거완료 모두 사용 가능하다.

해석　당신의 도움이 없다면, 나는 어려움을 겪을 것이다.

36 Had I realized what you were intending to do, I would have stopped you. 22 지방직 9급   O / X

37 The Main Street Bank is said to give loans of any size to reliable customers. 17 지방직 7급   O / X

38 당신은 런던에 가본 적이 있나요?   O / X
    → Have you ever gone to London? 19 지방직 7급

39 우리 회사 모든 구성원의 이름을 기억하다니 그는 생각이 깊군요.   O / X
    → It's thoughtful for him to remember the names of every member in our firm. 12 국가직 9급

40 It is necessary that the language in any advertising campaign is examined   O / X
    carefully. 17 기상직 9급

41 나는 소년 시절에 독서하는 버릇을 길러 놓았어야만 했다.   O / X
    → I ought to form a habit of reading in my boyhood. 17 국가직 9급

42 너는 어머니가 상 차리시는 것을 도와주는 것보다 차라리 빨래를 너는 편이 낫겠다.   O / X
    → You may as well hang the washing out to dry as help your mother set the table. 18 기상직 9급

36 O

해설   가정법 과거완료 구문이 'had + S + p.p.'로 적절하게 도치된 구조이다.

해석   네가 뭘 하려는지 알았더라면, 내가 너를 말렸을 텐데.

37 O

해설   to give의 시제가 is의 시제와 일치하므로 적절하게 쓰였다.

해석   Main Street Bank는 믿을 만한 고객들에게 어떤 규모의 대출도 해준다고 한다.

38 X, gone → been

해설   '~에 가본 적이 있다'의 의미일 때는 have been to를 써야 한다.

39 X, for → of

해설   thoughtful과 같은 사람의 성격을 나타내는 형용사 뒤에는 'of 목적격'을 써야 한다.

40 X, is examined → (should) be examined

해설   necessary와 같은 이성적 판단의 형용사 뒤에 that절이 나올 경우, that절의 동사는 (should) RV의 형태를 취해야 한다.

해석   어떤 광고 캠페인에 있어서도 그 언어를 주의 깊게 검토할 필요가 있다.

41 X, form → have formed

해설   in my boyhood라는 과거를 나타내는 부사구가 나왔으므로, 'ought to have p.p.'의 형태로 써야 한다.

42 O

해설   'may as well RV as RV'의 구조로 적절하게 쓰였다.

43 All the vehicles need repairing. 21 경찰직 2차   O / X

44 학생들을 설득하려고 해 봐야 소용없다.   O / X
→ It is no use try to persuade the students. 21 지방직 9급

45 When I met her for the first time, I couldn't help but fall in love with her. 20 경찰직 1차   O / X

46 그녀는 그 사고 때문에 그녀의 목표를 포기할 수밖에 없었다.   O / X
→ She had no choice but give up her goal because of the accident. 20 국가직 9급

47 You can spend an afternoon or an entire day driving on a racetrack in a genuine   O / X
race car. 19 서울시 7급

48 그의 스마트 도시 계획은 고려할 만했다.   O / X
→ His plan for the smart city was worth considered. 21 국가직 9급

49 나는 눈 오는 날 밖에 나가는 것보다 집에 있는 것을 더 좋아한다.   O / X
→ I prefer to staying home than to going out on a snowy day. 17 지방직 9급

43 O

해설 수동으로 해석될 경우, need의 목적어에는 동명사가 올 수 있다.

해석 모든 차량이 수리되어야 한다.

44 X, try → trying

해설 It is no use 뒤에는 동명사를 써야 한다.

45 O

해설 couldn't help but 뒤에 동사원형이 적절하게 쓰였다.

해석 그녀를 처음 만났을 때, 나는 그녀와 사랑에 빠질 수밖에 없었다.

46 X, give up → to give up

해설 have no choice but 뒤에는 to RV가 와야 한다.

47 O

해설 spend 뒤에 '시간 + RVing'가 적절하게 쓰였다.

해석 당신은 진짜 경주용 자동차를 타고 경주 트랙에서 운전하는 데 오후나 하루를 보낼 수 있습니다.

48 X, considered → considering

해설 worth 뒤에는 동명사가 와야 한다.

49 X, to staying → to stay / to going → (to) go

해설 prefer 뒤에 비교 대상이 있고 than이 있으므로, 'prefer to RV than (to) RV'의 구조로 써야 한다.

50 A small town seems to be preferable than a big city for raising children. 17 지방직 9급 　　O / X

51 새로운 관리자는 이전 관리자보다 더 우수하다. 　　O / X
　　→ The new manager is more superior to the old one. 18 경찰직 1차

52 When you are driving on rain-slick, icy, or winding roads, good traction is of 　　O / X
paramount important. 19 기상직 9급

53 그는 여행 중에 많은 사람을 만났고 그들 중 일부는 그의 친구가 되었다. 　　O / X
　　→ He met many people during his trip, some of them became his friends. 21 경찰직 1차

54 This is the boy whom I believe deceived me. 12 경찰직 1차 　　O / X

55 To find a good starting point, one must return to the year 1800 during which 　　O / X
the first modern electric battery was developed. 22 국가직 9급

56 책임감이 그로 하여금 결국 자신을 희생하게 한 위험한 일을 맡도록 재촉하였다. 　　O / X
　　→ His sense of responsibility urged him to undertake the dangerous task which
he eventually sacrificed himself. 14 국가직 7급

50 X, than → to

해설 preferable 뒤에는 than이 아닌 to가 와야 한다.

해석 아이들을 키우는 데 큰 도시보다는 작은 마을이 더 나은 것 같다.

51 X, more superior → superior

해설 superior가 비교급이므로 more을 중복해서 쓸 수 없다.

52 X, important → importance

해설 'of + 추상명사' 구조에서 of 뒤에 명사가 있어야 한다.

해석 빗길, 빙판길 또는 구불구불한 도로에서 운전할 때면, 좋은 정지 마찰력이 가장 중요하다.

53 X, them → whom

해설 접속사 없이 동사가 2개 나왔으므로, 절과 절을 연결할 수 있는 whom이 적절하다.

54 X, whom → who

해설 I believe는 삽입절로 쓰였고, 동사 deceived의 주어가 없으므로 주격인 who가 적절하다.

해석 이 소년이 내가 믿기에 나를 속였던 소년이다.

55 O

해설 during which 다음에 완전한 문장이 온 것은 적절하다.

해석 좋은 출발점을 찾기 위해서는 최초의 현대식 전기 배터리가 개발되었던 1800년으로 돌아가야 한다.

56 X, which → for which

해설 관계대명사 which 뒤에 완전한 문장이 왔으므로, '전치사 + 관계대명사'로 써줘야 한다. sacrifice는 'sacrifice A for B'의 형태로 사용하므로 for which가 적절하다.

57 설문지를 완성하는 누구에게나 선물카드가 주어질 예정이다. O / X

→ A gift card will be given to whomever completes the questionnaire. 20 지방직 9급

58 나의 집은 5년마다 페인트칠된다. O / X

→ My house is painted every five years. 21 지방직 9급

59 Each of these animals has special cells under its skin. 19 서울시 9급 O / X

60 모든 정보는 거짓이었다. O / X

→ All of the information were false. 18 지방직 9급

61 일하는 것과 돈 버는 것은 별개의 것이다. O / X

→ To work is one thing, and to make money is another. 14 국가직 7급

62 Many a careless walker was killed in the street. 14 지방직 9급 O / X

63 Even young children like to be complimented for a job done good. 22 국가직 9급 O / X

57   X, whomever → whoever

해설   completes의 주어 역할을 할 수 있는 주격 whoever가 적절하다.

58   O

해설   every 뒤에 '기수 + 복수 명사'가 적절하게 쓰였다.

59   O

해설   each가 대명사 주어로 쓰였고, 단수 동사 has의 수일치도 적절하다.
해석   이 동물들은 각각 피부 아래에 특별한 세포를 가지고 있다.

60   X, were → was

해설   All of the 뒤에 불가산명사인 information이 왔으므로, was가 적절하다.

61   O

해설   'one thing ~ another' 구조로 적절하게 쓰였다.

62   O

해설   Many a 뒤에 '단수 명사 + 단수 동사'가 적절하게 쓰였다.
해석   많은 부주의한 보행자가 길에서 죽었다.

63   X, good → well

해설   과거분사인 done을 수식할 수 있는 것은 형용사 good이 아닌 부사 well이다.
해석   심지어 어린아이들도 잘한 일에 대해 칭찬을 받는 것을 좋아한다.

64 The number of employees who come lately has lately increased. 10 경찰직 1차　　　O / X

65 그는 문자 메시지에 너무 정신이 팔려서 제한속도보다 빠르게 달리고 있다는 것을 몰랐다.　　O / X
→ He was so distracted by a text message to know that he was going over the speed limit.
17 국가직 9급

66 그 수학 문제는 너무 어려워서 그 학생이 답을 할 수 없었다.　　　O / X
→ The math question was too tough for the student to answer it. 16 국가직 7급

67 The population of Seoul is very larger than that of London. 09 서울시 9급　　　O / X

68 My home offers me a feeling of security, warm, and love. 22 지방직 9급　　　O / X

69 Not only she is modest, but she is also polite. 19 경찰직 2차　　　O / X

70 그 남자뿐만 아니라 너도 그 실패에 책임이 있다.　　　O / X
→ You as well as he are responsible for the failure. 10 국가직 9급

64 X, come lately → come late

해설   lately는 '최근에'라는 의미의 부사이므로, '늦게'라는 의미의 부사인 late로 고쳐야 한다.

해석   지각하는 직원들의 숫자가 최근 증가했다.

65 X, so → too

해설   '너무 ~해서 ~하지 못하다'의 의미이므로, too를 써야 한다.

66 X, answer it → answer

해설   to answer의 목적어가 문장의 주어인 The math question이므로 it을 중복해서 쓸 수 없다.

67 X, very → much

해설   very는 비교급을 강조할 수 없으므로, 비교급 강조 부사인 much, still, even, (by) far 등으로 고쳐야 한다.

해석   서울의 인구는 런던보다 훨씬 많다.

68 X, warm → warmth

해설   전치사 of 뒤에 명사들이 'A, B, and C'로 병렬되는 구조인데, 이때 병렬 대상들의 급은 같아야 하므로 형용사 warm을 명사 warmth로 고쳐야 한다.

해석   내 집은 나에게 안정감, 따뜻함, 그리고 사랑의 느낌을 준다.

69 X, she is → is she

해설   Not only가 문두에 오는 경우, 주어와 동사는 도치되어야 한다.

해석   그녀는 겸손할 뿐만 아니라 예의도 바르다.

70 O

해설   'A as well as B' 구조에서 수일치는 A에 하므로 적절하다.

71 거의 들리지 않는데, 소리 좀 높여 주시겠습니까? O / X

→ I can't barely hear that, would you please turn the volume up? 19 기상직 9급

72 나는 그에게 충고 한마디를 했다. O / X

→ I gave him an advice. 20 경찰직 2차

73 경찰은 집안 문제에 대해서는 개입하기를 무척 꺼린다. O / X

→ The police are very unwilling to interfere in family problems. 16 지방직 9급

74 Statistics show that about 50% of new businesses fail in their first year. 21 경찰직 1차 O / X

75 Raisins were once an expensive food, and only the wealth ate them. 20 국가직 9급 O / X

76 Both her work on the school plays and her dedication to teaching has gained O / X
Ms. Baker much respect. 15 기상직 7급

77 George has not completed the assignment yet, and Mark hasn't either. 13 지방직 9급 O / X

71 X, can't → can

해설 barely 앞에 부정어 not을 중복해서 쓸 수 없다.

72 X, an advice → a piece of advice

해설 advice는 불가산명사라 앞에 부정관사를 쓸 수 없다. 주어진 우리말이 충고 '한마디'라고 했으므로, 조수사인 a piece of를 붙이는 것이 적절하다.

73 O

해설 police 뒤에 복수 동사 are가 적절하게 쓰였다.

74 O

해설 statistics가 '통계수치'라는 의미로 쓰였으므로, 복수 동사 show는 적절하다.

해석 통계수치는 신규 사업의 약 50%가 첫 해에 실패한다는 것을 보여준다.

75 X, wealth → wealthy

해설 해석상 '부'가 건포도를 먹는 것이 아니라, '부자들'이 먹는 것이므로 'the + 형용사'의 형태로 써야 한다.

해석 건포도는 한때 값비싼 음식이었고, 부자들만이 그것을 먹었다.

76 X, has → have

해설 'both A and B'는 복수 동사로 수일치한다.

해석 학교 연극에 대한 그녀의 작업과 가르치는 일에 대한 헌신 모두 Baker 양이 많은 존경을 받게 했다.

77 O

해설 앞에 부정문이 쓰였으므로, either의 쓰임은 적절하다.

해석 George는 아직 과제를 끝내지 못했고, Mark 또한 그렇다.

78 They didn't believe his story, and neither did I. 17 국가직 9급 O / X

79 Kids and tickling go together alike milk and cookies. 16 교행직 9급 O / X

80 Beside literature, we have to study history and philosophy. 12 지방직 9급 O / X

81 우리는 그 일을 이번 달 말까지 끝내야 한다. O / X
→ We have to finish the work until the end of this month. 23 국가직 9급

82 내일까지 논문을 제출하는 것은 불가능하다고 생각한다. O / X
→ I think it impossible to hand in the paper by tomorrow. 10 지방직 9급

83 She was born in the Addis Ababa province of northern Africa, an area known as O / X
its spectacular vistas. 18 국회직 8급

84 어떤 상황에서도 너는 이곳을 떠나면 안 된다. O / X
→ Under no circumstances you should not leave here. 15 지방직 9급

78 O

해설 and neither 뒤에 주어와 동사가 적절하게 도치되었고, 대동사 did의 쓰임도 적절하다.

해석 그들은 그의 이야기를 믿지 않았고 나도 마찬가지였다.

79 X, alike → like

해설 alike는 서술적 용법의 형용사라 뒤에 명사가 올 수 없으므로 전치사인 like를 써야 한다.

해석 아이들과 간지럼은 우유와 쿠키처럼 잘 어울린다.

80 X, Beside → Besides

해설 Beside는 '~옆에'라는 뜻이므로, '~외에도'라는 뜻의 Besides를 써야 한다.

해석 문학 외에도 우리는 역사와 철학을 공부해야 한다.

81 X, until → by

해설 finish는 동작의 완료를 나타내는 동사이므로, until을 by로 고쳐야 한다.

82 O

해설 문맥상 '늦어도' 내일까지라는 의미이므로, 전치사 by의 쓰임은 적절하다.

83 X, known as → known for

해설 문맥상 Addis Ababa 지방이 장관을 이루는 경치로 유명하다는 이유가 나왔으므로 for가 적절하다.

해석 그녀는 장관을 이루는 경치로 유명한 북아프리카의 Addis Ababa 지방에서 태어났다.

84 X, you should not leave → should you leave

해설 Under no circumstances가 문두에 오는 경우, 주어와 동사는 도치되어야 하고 not이 없어야 한다.

85 어떠한 경우에도 낯선 사람들을 들어오게 해서는 안 된다.   O / X

→ On no account must strangers be let in. 08 지방직 9급

86 Among her most prized possessions sold during the evening sale were a 1961   O / X

bejeweled timepiece by Bulgari. 20 지방직 9급

87 Only when she left the party did he arrived there. 21 경찰직 1차   O / X

88 그녀의 어머니에 대해서는 나도 너만큼 아는 것이 없다.   O / X

→ I know no more than you don't about her mother. 16 지방직 9급

89 내 인생에서 가장 중요한 목표는 인정을 받는 것보다는 성공을 하는 것이다.   O / X

→ The most important goal in my life is not so much achieving success as receiving

recognition. 18 기상직 9급

90 The more they attempted to explain their mistakes, the worst their story   O / X

sounded. 18 지방직 9급

85 O

해설　On no account가 문두에 나와 주어와 동사가 적절하게 도치되었다.

86 X, were → was

해설　전치사 Among이 문두에 나와 주어와 동사가 적절하게 도치되었지만, 문장의 주어는 단수 명사인 a 1961 bejeweled timepiece이므로 was가 적절하다.
해석　저녁 경매 중 팔린 그녀의 가장 값진 물건들 중에는 불가리가 1961년에 만든 보석으로 장식된 시계가 있었다.

87 X, arrived → arrive

해설　'only + 부사절'이 문두에 나와 주어와 동사가 적절하게 도치되었지만, 조동사 did가 있으므로 동사원형을 써야 한다.
해석　그녀가 파티를 떠났을 때 비로소 그는 거기에 도착했다.

88 X, don't → do

해설　앞에 no more이 있으므로 than 이하에는 부정어가 들어갈 수 없다.

89 X, achieving success as receiving recognition → receiving recognition as achieving success

해설　'not so much A as B'는 'A라기보다는 B하다'라는 의미이므로, 우리말에 맞게 A와 B의 위치를 바꿔야 한다.

90 X, worst → worse

해설　'the 비교급, the 비교급' 구문에서 최상급은 올 수 없다.
해석　그들이 그들의 실수를 설명하려고 하면 할수록, 그들의 이야기는 더 나쁘게 들렸다.

PART 02

시스템으로
접근하는
문법 풀이
전략

CHAPTER 01

문장의 형식

● 문장의 5형식

형식	구조	해석
1형식	S + V	S는 V하다
2형식	S + V + SC	S는 SC(이)다
3형식	S + V + O	S는 O를 V하다
4형식	S + V + IO + DO	S는 IO에게 DO를 V해주다
5형식	S + V + O + OC	S는 O가 OC하도록/하는 것을/하게 V하다

1 1형식 관련 주요 문제

● 자동사 + 전치사

graduate from	~을 졸업하다	arrive at[in]	~에 도착하다
account for	~을 설명하다	dispose of	~을 처리하다
consist of	~로 구성되다	consist in/with	~에 있다/~와 일치하다
result in	~을 야기하다	result from	~에서 기인하다
dispense with	~없이 지내다 (without X)	interfere with/in	~을 방해하다/~에 간섭하다
object to	~에 반대하다	complain of[about]	~에 대해 불평하다
apologize for	~에 대해 사과하다	conform to	~에 따르다
participate in	~에 참석하다	contribute to	~에 기여하다
belong to	~에 속하다	depend on	~에 의지하다
suffer from cf suffer + O	~로 고통받다 겪다, 경험하다	refrain from	~을 삼가다

2️ 2형식 관련 주요 문제

오감	look, smell, taste, sound, feel	+ 형용사 / like + 명사(구)(절)
판단·입증	seem, appear, prove, turn out	+ (to be) 형용사 / to RV
상태변화(~되다)	become, get, turn, grow, go, come, run, fall	+ 형용사
상태유지(~이다)	be, remain, stay, keep, hold	+ 형용사

3️ 3형식 관련 주요 문제

● REMALIODAS : 자동사 같은 타동사

R	resemble ~~like/to~~ ~와 닮다	reach ~~at~~ ~에 도착하다	
E	enter ~~in/to~~ ~에 들어가다		
M	marry ~~with/to~~ ~와 결혼하다	mention ~~on~~ ~에 대해 언급하다	
A	accompany ~~with~~ ~와 동행하다	affect ~~on~~ ~에 영향을 미치다	approach ~~to/on~~ ~에 다가가다
L	leave ~~from~~ ~을 떠나다		
I	influence ~~on~~ ~에 영향을 미치다		
O	obey ~~to~~ ~에 복종하다	oppose ~~to~~ ~에 반대하다	
D	discuss ~~about~~ ~에 대해 토론하다		
A	answer ~~to~~ ~에 답하다	attend ~~at~~ ~에 참석하다	address ~~to~~ ~에게 연설하다
S	survive ~~after/from~~ ~로부터 살아남다		
기타	consider ~~about~~ ~에 대해 고려하다	contact ~~to~~ ~에게 연락하다	

4 4형식 관련 주요 문제

1 that절을 직접목적어로 취할 수 있는 4형식 동사

convince, inform, promise, remind, show, tell, teach	+ IO + that절

2 4형식 동사로 착각하기 쉬운 3형식 동사

explain, suggest, say, announce	+ to + 사람 + 명사

5 5형식 관련 주요 문제

1 지각동사·사역동사

지각동사	watch, see, notice, hear, listen to, feel	+ O + RV·RVing(능동) / p.p.(수동)
사역동사	make, have	+ O + RV(능동) / p.p.(수동)
	let	+ O + RV(능동) / be p.p.(수동)

2 지각동사·사역동사의 수동태

S + 지각/사역동사 + O + RV
→ O + be p.p. + to RV

3 준사역동사

get	+ O + to RV(능동) / p.p.(수동)
help	+ (O) + (to) RV

④ COREAF/P : 목적격 보어에 to RV를 사용하는 동사

C	cause 야기하다	compel 강요하다	
O	order 명령하다		
R	require 요구하다		
E	enable 가능하게 하다	expect 요구하다	encourage 격려하다
A	ask 부탁하다	allow 허락하다	advise 충고하다
F/P	force 강요하다	permit 허락하다	persuade 설득하다

⑤ 간주동사

regard, think of, see, look upon	+ O + as + OC(형용사/명사)
consider	+ O + (to be / as) + OC(형용사/명사)
think, believe	+ O + (to be) + OC(형용사/명사)

연습 문제

1. I talked about my plan, but he objected it. O / X

2. The language sounds strangely to me. O / X

3. Opinion polls convinced us that many people opposed the policy. O / X

4. The instructor explained us how to survive a major disaster. O / X

5. We were made study much harder than before. O / X

6. I'll get the rooms cleaned if you make the dinner. O / X

1. X, objected → objected to 2. X, strangely → strange 3. O 4. X, us → to us 5. X, study → to study 6. O

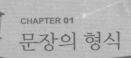
6 기타 주의해야 할 동사

1 분리·박탈 동사 + A + of + B

rob 강탈하다	deprive 박탈하다	relieve 덜어주다

2 인지 동사 + A + of + B

convince 확신시키다	inform 알리다	remind 상기시키다
warn 경고하다	assure 확신시키다	notify 통보하다

* of B 대신에 that절 또한 쓸 수 있다.

3 제공 동사 + A + with + B

provide 제공하다	supply 공급하다	present 주다	equip 갖추게 하다

4 금지·억제 동사 + A + from RVing

prevent 막다, 예방하다	prohibit 금지하다	discourage 막다, 단념시키다
stop 막다	keep 막다	deter 단념하게 하다

5 자동사 vs 타동사

lie – lied - lied	㉜ 거짓말하다
lie – lay - lain	㉜ 눕다; 놓여 있다
lay – laid - laid	㉣ ~을 눕히다; 놓다, 두다; 낳다
rise – rose – risen	㉜ 오르다; 증가하다; 뜨다; 일어나다
arise – arose – arisen	㉜ 발생하다
raise – raised - raised	㉣ ~을 들어 올리다; 인상하다; 키우다
sit - sat - sat	㉜ 앉다
seat - seated - seated	㉣ ~을 앉히다
wait – waited - waited	㉜ 기다리다
await – awaited - awaited	㉣ ~을 기다리다

연습 문제

1. His wife prevented him to go abroad.   ○ / ✕

2. This law will deprive us of our most basic rights.   ○ / ✕

3. She just laid down and went straight to sleep.   ○ / ✕

4. I was born in New York, but was raised in Seoul.   ○ / ✕

1. X, to go → from going 2. O 3. X, laid → lay 4. O

CHAPTER 02

동사

1️ 수일치

1 '부분명사 of 전체명사'의 수일치

'부분'을 나타내는 부정대명사		some, any, most, all	+ of + ┌ 복수 명사 + 복수 동사 └ 단수 명사 + 단수 동사
부분명사	일부	part, portion, half, the rest	
	분수	one third, three fourths	
	백분율	30 percent	

* all, half의 경우, 뒤의 of가 생략될 수 있다.

2 'one of 명사'의 수일치

one, each, either, neither	+ of + 복수 명사 + 단수 동사

3 a number of vs the number of

	많은	~의 수[양]
가산명사	a number of + 복수 명사 + 복수 동사	the number of + 복수 명사 + 단수 동사
불가산명사	an amount of + 단수 명사 + 단수 동사	the amount of + 단수 명사 + 단수 동사

연습 문제

1. Some of the money were used as a bribe for politicians.　　　　O / X

2. A number of students are studying very hard to get a job.　　　　O / X

1. X, were → was 2. O

2 능·수동

1 '자동사 + 전치사' 타동사구의 수동태

be referred to as B	~라고 불리다	be thought of as B	~라고 생각되다
be laughed at	비웃음을 당하다	be looked at	보이다
be listened to	들리다	be spoken to	말이 건네지다
be agreed on	합의되다	be dealt with	처리되다
be run over	치이다	be disposed of	처리되다
be relied on	의존되다	be depended on	의존되다

2 분리·박탈 / 인지 / 제공 / 금지 동사의 수동태

be	robbed, deprived, relieved	+ of + B
	convinced, informed, reminded, warned, assured, notified	
	provided, supplied, presented, equipped	+ with + B
	prevented, prohibited, discouraged, stopped, kept, deterred	+ from + B

3 수동태로 쓸 수 없는 자동사

occur, happen, take place, emerge, (dis)appear, come, arrive, result in[from], belong to, consist of

4 감정타동사로 만들어진 분사의 능·수동

현재분사(능동)		과거분사(수동)	
exciting	흥분시키는	excited	흥분한
boring	지루하게 하는	bored	지루한
embarrassing	당황하게 하는	embarrassed	당황한

3 ̌ 시제

1 특정 시제를 나타내는 표현들

과거	시간 + ago, in + 과거 연도, last + 시점, yesterday, when - ?
현재완료	since + 과거시점, until[up to] now, so far, for[over] + (the last/past) + 기간
과거완료	by the time + 과거시점, 시간표현 + before, just, already, for + 기간
미래완료	by the time + 미래시점, by + 특정 미래시점, for + 기간, 횟수
과거·대과거	in one's youth[school days], when young

2 have been to vs have gone to

have been to	~에 간 적 있다(경험)
have gone to	~에 가고 없다(결과)

3 ~하자마자 ~했다

Hardly/Scarcely	+ had + S + p.p. + **when/before** + S + 과거동사
No sooner	+ had + S + p.p. + **than** + S + 과거동사

4 ~한 지 ~가 되었다

It is[has been] + 시간 + since + S + 과거동사
= 시간 + **have passed** + since + S + 과거동사
= S + 과거동사 + 시간 + ago
= S + have[has] p.p. + for + 시간

5 시제 일치의 예외

➡ 항상 현재시제인 경우 : 불변의 진리나 속담 / 습관

· 지구는 둥글다, 빛은 빠르다, 정직이 최선의 방책이다
· always, usually, every day

➡ 항상 과거시제인 경우 : 역사적 사실

· 한국전쟁, 제1차 세계 대전, 콜럼버스의 미국 발견

➡ 시간·조건의 부사절 : 내용상 미래(완료)시제를 현재(완료)시제로 대신 사용

시간 접속사	when, while, until, after, before, as soon as, by the time
조건 접속사	if, unless, once, in case, as long as

* when과 if가 명사절로 사용될 경우, 내용상 미래시제는 그대로 미래시제로 사용

연습 문제

1. He escaped from running over by a bus.   ○ / ✕

2. The party will be taken place at Dr. Lee's office.   ○ / ✕

3. It is a funny, moving and always excited story.   ○ / ✕

4. He has been in a critical condition in hospital last night. ○ / ✕

5. Hardly had he reached the shelter when the storm broke.   ○ / ✕

6. Three years have passed since she left for France.   ○ / ✕

7. When she will come back, I will leave here.   ○ / ✕

1. X, running over → being run over 2. X, be taken place → take place 3. X, excited → exciting 4. X, has been → was 5. O 6. O 7. X, will come → comes

4 가정법

1 가정법의 기본

	종속절	주절
가정법 과거	If + S + **동사의 과거형/were**	S + **조동사의 과거형** + **RV**
가정법 과거완료	If + S + **had p.p.**	S + **조동사의 과거형** + **have p.p.**
가정법 미래	If + S + **should RV** (불확실한 미래)	S + **조동사의 과거형/현재형** + **RV**
	If + S + **were to RV** (불가능)	S + **조동사의 과거형** + **RV**
혼합 가정법	If + S + **had p.p.**	S + **조동사의 과거형** + **RV** + (now/today)

* 조동사의 과거형 : would, should, could, might

2 가정법의 도치

가정법 과거	**Were + S**, S + 조동사의 과거형 + **RV**
가정법 과거완료	**Had + S + p.p.**, S + 조동사의 과거형 + **have p.p.**
가정법 미래	**Should + S + RV**, S + 조동사의 과거형/현재형 + **RV** **Were + S + to RV**, S + 조동사의 과거형 + **RV**
혼합 가정법	**Had + S + p.p.**, S + 조동사의 과거형 + **RV** + (now/today)

➡ ~이 없다면/없었다면

~이 없다면 (가정법 과거)	If it were not for ~, = Were it not for ~, = But[Except] for ~, = Without ~,	S + 조동사의 과거형 + RV
~이 없었다면 (가정법 과거완료)	If it had not been for ~, = Had it not been for ~, = But[Except] for ~, = Without ~,	S + 조동사의 과거형 + have p.p.

3 기타 가정법

→ I wish 가정법 : ~라면 좋을 텐데

I wish + 가정법 과거	I wish + 가정법 과거완료
현재 현재 사실의 반대	현재 과거 사실의 반대
I wished + 가정법 과거	I wished + 가정법 과거완료
과거 과거 사실의 반대	과거 대과거 사실의 반대

→ as if[though] 가정법 : 마치 ~처럼

as if[though] + 가정법 과거	마치 ~인 것처럼
as if[though] + 가정법 과거완료	마치 ~이었던 것처럼

* 단순 추측의 의미로 쓰일 때는, 가정법이 아닌 직설법이 올 수 있다.

→ It is time 가정법 : ~할 시간이다

	S + should(생략 X) + RV
It is (high/about) time	S + 과거동사
	to RV

연습 문제

1. If I had known about the meeting, I would have gone there too. ○ / ×

2. Had it not rained last night, we could have gone on a picnic today. ○ / ×

3. That American speaks Korean fluently as if he has been a Korean. ○ / ×

4. It's time the government worried about the falling birth rate. ○ / ×

1. O 2. X, could have gone → could go 3. X, has been → were 4. O

5 조동사

1 조동사 + have p.p.

must have p.p.	~했었음이 틀림없다
should[ought to] have p.p.	~했어야만 했는데 (사실은 안 했다)
may[might] have p.p.	~했었을지도 모른다
cannot have p.p.	~했었을 리가 없다
need not have p.p.	~했었을 필요는 없었는데 (사실은 했다)

2 구조동사 + RV

had better RV₁ (than RV₂)	
would rather RV₁ (than RV₂)	(RV₂하는 것보다) RV₁하는 것이 더 낫다
may as well RV₁ (as RV₂)	
may well RV	RV하는 것도 당연하다
ought to RV	RV해야 한다

➡ used to

used to RV	~하곤 했다
be used to RV	~하는 데 사용되다
be[get] used to RVing	~하는 데 익숙하다[익숙해지다]

3 주·요·명·제·충·결 + that + S + (should) RV

주장·요구·명령·제안·충고·결정 동사가 당위(~해야 한다)의 의미를 지니는 that절을 목적어로 취할 경우, that절 내의 동사는 '(should) + RV'의 형태로 쓴다. 이러한 동사들이 명사화되어 동격의 that절을 취하는 경우에도 마찬가지이다.

주장	insist, urge, argue	요구	ask, demand, require, request
명령	order, command	제안	suggest
충고	advise, recommend	결정	decide

4 조동사 주요 영작 구문

➡ ~하지 않을 수 없다

cannot but RV	cannot choose[help] but RV
cannot help RVing	have no choice[alternative] but to RV

➡ 아무리 ~해도 지나치지 않다

cannot ~ too (much)	cannot ~ enough
cannot over-RV	It is impossible to over-RV

➡ ~할 때마다 ~하다

cannot ~ without RVing	cannot ~ but S + V
never ~ without RVing	never ~ but S + V

연습 문제

1. I would rather die standing than to live on my knees.　　　　O / X

2. She insisted that he participates in the meeting.　　　　O / X

1. X, to live → live 2. X, participates → (should) participate

CHAPTER 03

준동사

1️ 준동사의 능·수동

POINT 1 준동사의 의미상의 주어를 먼저 파악한다.
POINT 2 뒤의 명사 유무와 역질문을 통해 능·수동 문제를 푼다.

	능동	수동
to RV	to RV	to be p.p.
동명사	RVing	being p.p.
분사	RVing	p.p.

2️ 준동사의 시제

준동사의 시제는 본동사 시제보다 한 시제 빠르면 완료시제를 쓰고, 같으면 단순시제를 쓴다.
POINT 1 'seem to RV', 'be p.p. to RV' 구조가 나오면 준동사의 시제 check
POINT 2 'when young', 'in one's youth[school days]' 등 명백한 과거시제를 나타내는 부사구가
나오면 시제 check

	단순시제 / 단순수동시제	완료시제 / 완료수동시제
to RV	to RV / to be p.p.	to have p.p. / to have been p.p.
동명사	RVing / being p.p.	having p.p. / having been p.p.
분사	RVing / p.p.	having p.p. / (having been) p.p.

연습 문제

- -

1. I don't like treating like a child. ○ / ✕

2. The existing gate is assumed to have been built in 1796. ○ / ✕

1. ✕, treating → being treated 2. ○

3 어휘로 접근해야 하는 준동사

1 to RV와 동명사 둘 다 목적어로 취하지만 의미가 다른 동사

	to RV(동작이 아직 안 일어남)	RVing(동작이 일어남)
remember	~하기로 한 것을 기억하다	~한 것을 기억하다
forget	~하기로 한 것을 잊다	~한 것을 잊다
stop	~하기 위해 멈추다	~하는 것을 그만두다
regret	~하게 돼서 유감이다	~한 것을 후회하다
try	~하기 위해 노력하다	시험 삼아 ~해보다

2 동명사만 목적어로 취하는 동사 : MEGAPEPACAS

Mind	꺼리다	Enjoy	즐기다	Give up	포기하다
Avoid	피하다	Postpone	연기하다	Escape	피하다
Practice	연습하다	Finish	끝내다	Appreciate	감사하다
Consider	고려하다	Anticipate	기대하다	Suggest	제안하다

3 to RV만 목적어로 취하는 동사 : 소기계약동결

소망·기대	want, expect	계획	plan
약속	promise	동의	agree
결정	choose, decide, refuse	기타	afford, manage

④ (동)명사만을 쓸 수 있는 관용 구문

look forward to	~을 고대하다	be used to be accustomed to	~에 익숙하다
object to be opposed to	~에 반대하다	contribute to	~에 기여하다
with a view[an eye] to	~할 목적으로	when it comes to	~에 관해 말하자면
What do you say to ~?	~하는 건 어때?	be devoted to be dedicated to be committed to	~에 전념하다

⑤ 준동사 관용 표현

It is no use[good] RVing = It is of no use to RV = There is no use (in) RVing	~해도 소용없다
There is no RVing	~하는 것은 불가능하다
be worth RVing	~할 가치가 있다
be busy (in) RVing	~하느라 바쁘다
make a point of RVing = make it a rule to RV	~하는 것을 원칙으로 삼다
have difficulty[trouble, a hard time] (in) RVing	~하는 데 어려움을 겪다
On[Upon] RVing	~하자마자
spend + 시간/돈 + (in) RVing	~하는 데 시간/돈을 쓰다
come near to RVing	거의 ~할 뻔하다

연습 문제

1. I recommended that he finish to produce his report quickly. ○ / ×

2. I don't expect to be late, but if so, I'll let you know. ○ / ×

3. They should be fully committed to study the law. ○ / ×

4. The movie is worth watched with the actors' performances alone. ○ / ×

5. It is no use trying to excuse yourself. ○ / ×

6. What do you say to go to the movies tonight? ○ / ×

7. 나의 이모는 파티에서 그녀를 만난 것을 기억하지 못했다.
   → My aunt didn't remember to meet her at the party. ○ / ×

1. X, to produce → producing 2. O 3. X, study → studying 4. X, watched → watching 5. O 6. X, go → going
7. X, to meet → meeting

1️⃣ 관계대명사

1 해석 : '그런데 그 명사'
2 불완전한 문장 : 관계대명사 뒤에는 'S/O/C/전치사의 O' 중 없는 것이 있다
3 who/whom/which : 선행사의 종류에 따라 who/which, 격에 따라 who/whom이 온다
4 콤마와 that의 사용 : 전치사 + that, 콤마(,) + that은 원칙적으로 불가능하다

선행사	주격	목적격	소유격
사람	who	whom	whose
동물·사물·구·절	which	which	whose / of which
사람·동물·사물	that	that	-
선행사를 포함	what	what	-

● 주의해야 할 관계대명사의 용법

1 부정대명사 + of + 목적격 관계대명사 : whom 또는 which 사용 (them X)
2 관계사절 내 삽입절 : 반드시 괄호 처리 후 격과 수일치에 주의
3 전치사 + 관계대명사 : 뒤에 완전한 문장, 알맞은 전치사 사용에 주의

➡ what vs that

	뒤에 완전한 절	뒤에 불완전한 절
앞에 명사 O	동격의 that	관계대명사 that
앞에 명사 X	접속사 that	선행사를 포함하는 관계대명사 what

[2] 관계부사

1 해석 : '그런데 그 명사에서'
2 완전한 문장 : 관계부사 뒤에는 완전한 문장이 온다

장소명사(the place) **where**	시간명사(the time) **when**
이유명사(the reason) **why**	방법명사(the way) **how**

* the way와 how는 함께 쓸 수 없으며 반드시 둘 중 하나를 생략해야 한다. 'the way that' 또는 'the way in which'의 형태는 가능하다.

[3] 의문사

1 해석 : what '무엇' vs how '어떻게'
2 완전한 문장 또는 불완전한 문장 : 'what + 불완전한 문장' vs 'how/why + 완전한 문장'
3 격 : who '주격' vs whom '목적격'
4 간접의문문의 어순 : '의문사 + 주어 + 동사'의 어순에 유의

의문대명사	**who(m)** 누가(누구를)		**which** 어느 것이/을		**what** 무엇이/을	+ 불완전한 문장
의문형용사	**whose** 누구의		**which** 어떤		**what** 무슨	+ 명사 + 불완전한 문장
의문부사	**when** 언제	**where** 어디서	**why** 왜		**how** 어떻게, 얼마나	+ 완전한 문장

연습 문제

1. The sport in that I am most interested is soccer.   ○ / ×

2. A cafe is a small restaurant which people can get a light meal.   ○ / ×

3. One basic question scientists have tried to answer is how do people learn.   ○ / ×

1. X, that ← which 2. X, which ← where 3. X, how do people learn ← how people learn

4 복합관계사

1 복합관계대명사

복합관계대명사	명사절	부사절
whoever/whomever/ whosever	~하는 사람이면 누구나 (= anyone who/whom/whose)	~하는 사람이면 누구든지 간에 (= no matter who/whom/whose)
whichever	~하는 것이면 어느 것이든 (= anything that)	~하는 것이면 어느 것이든지 간에 (= no matter which)
whatever	~하는 것이면 무엇이든 (= anything that)	~하는 것이면 무엇이든지 간에 (= no matter what)

2 복합관계부사

whenever	~할 때면 언제든지(= no matter when)
wherever	~하는 곳이면 어디든(= no matter where)
however	아무리 ~해도(= no matter how)

3 how(명사절) vs however(부사절)

how + 형/부 + S + V	얼마나 형/부한지
however + 형/부 + S + V	아무리 형/부해도

연습 문제 -

1. How hard he tried, he could not control his feeling.　　　　○ / ✕

2. A free gift will be given to whomever completes the questionnaire.　　　　○ / ✕

1. ✕, How → However 2. ✕, whomever → whoever

● 관계사·의문사·복합관계사 정리

1 해석으로 구별하기

종류	해석			
관계대명사	그런데 그 명사는 / 그런데 그 명사를 / 그런데 그 명사의			
관계부사	그런데 그 명사에서			
의문사	who / whom	누가 / 누구를	whose	누구의
	when	언제	where	어디서
	which	어느 것, 어느·어떤	what	무엇, 무슨·어떤
	why	왜	how	어떻게, 얼마나
복합관계사	whoever	~하는 사람이면 누구든, ~하는 사람이면 누구든지 간에	whichever	~하는 것이면 어느 것이든, ~하는 것이면 어느 것이든 간에
	whatever	~하는 것이면 무엇이든, ~하는 것이면 무엇이든 간에	whenever	~할 때면 언제든지
	wherever	~하는 곳이면 어디든	however	아무리 ~해도

2 완전한 문장 vs 불완전한 문장

관계대명사 / 의문대명사 / 복합관계대명사	+ 불완전한 문장
관계부사 / 의문부사 / 복합관계부사 / 나머지 접속사	+ 완전한 문장
소유격 (복합)관계대명사 + 명사 / 의문형용사 + 명사	+ 불완전한 문장

5 등위·상관접속사

① 상관접속사의 **짝**과 ② **수일치**에 유의해야 하며 영작 문제로 출제된 경우 ③ 상관접속사의 **의미**에도 유의해야 한다.

both A and B	A와 B 모두	either A or B	A 또는 B인
not A but B	A가 아니라 B인	neither A nor B	A도 B도 아닌
not only A but also B	A뿐만 아니라 B도	B as well as A	A뿐만 아니라 B도

➡ 등위접속사와 상관접속사에서의 병렬 구조

등위접속사 및 상관접속사에 연결되는 대상의 **품사** 및 **준동사의 종류**를 일치시켜야 한다.

동사 / 명사 / 형용사 / 부사		동사 / 명사 / 형용사 / 부사
to RV / RVing / S + V ~	and / or / but	to RV / RVing / S + V ~

6 주의해야 할 접속사의 용법

1 if vs whether

	if	whether
타동사의 목적어	O	O
주어, 보어, 전치사의 목적어, or not, to RV	X	O

* 현대 영어에서는 if절의 끝에 or not을 쓰기도 한다. whether 다음의 or not은 whether 바로 뒤 혹은 whether절의 끝에 올 수 있고, 생략 가능하다.

2 so/such vs too

'so ~ that' 구문의 so를 very/too로 바꿀 수 없다. 이와 비슷하게 'too ~ to' 구문의 too를 so로 바꿀 수 없으며, 문장의 주어와 to RV의 목적어가 같을 경우 to RV의 목적어 자리를 비워두어야 한다.

너무 형/부해서 ~하다	**so** + 형/부 + (a/an + 명) + **that** (O) **such** + (a/an) + 형 + 명 + **that** (O)	very/too + 형/부 + that (X)
너무 형/부해서 ~할 수 없다	**too** + 형/부 + **to** RV (O)	so + 형/부 + to RV (X)

3 '형용사/부사/무관사명사 + as/though + S + V'의 양보 도치 구문

4 unless vs lest : 이중부정 금지 / 영작 의미 구별

unless	~하지 않는다면
lest S (should) RV	~하지 않기 위해

7 접속사 vs 전치사

뜻	전치사	접속사
~하는 동안에	during	while
~때문에	because of	because
~에도 불구하고	despite, in spite of	even though, (al)though, even if

연습 문제

1. I disputed with them over if the decision is right.   O / X

2. 독감에 걸리지 않도록 몸조심하세요.
   → Take care of yourself unless you should catch a cold.   O / X

1. X, if → whether 2. X, unless → lest

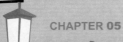
1 형용사

1 한정적 용법으로만 쓰이는 형용사 vs 서술적 용법으로만 쓰이는 형용사

한정적 용법		서술적 용법	
live	lone	alive	alone
drunken	wooden	asleep	afraid
elder	inner/outer	aware	awake

cf like vs alike

like	전치사	~와 비슷한, ~처럼
alike	형용사	비슷한

2 형용사 주요 구문

➡ 난이형용사 구문

POINT 1 to RV의 의미상의 주어는 문장의 주어로 쓰일 수 없지만, to RV의 목적어는 문장의 주어로 쓰일 수 있다.
POINT 2 to RV의 목적어가 문장의 주어로 간 경우, to RV의 목적어 자리가 비어있는지 확인한다.

It + is + 난이형용사 + for + 의미상의 주어 + to RV + <u>명사</u>
→ <u>명사</u> + is + 난이형용사 + for + 의미상의 주어 + to RV

어려운 / 쉬운, 편리한	difficult, hard, tough / easy, convenient
가능한 / 불가능한	possible / impossible

➡ 사람의 성질을 나타내는 형용사 구문

POINT 1 to RV의 의미상의 주어는 'of + 목적격'이다.
POINT 2 의미상의 주어가 문장의 주어로 이동 가능하다.

kind 친절한	**considerate** 사려 깊은	**thoughtful** 사려 깊은
wise 현명한	**clever** 현명한	**generous** 너그러운
foolish 멍청한	**rude** 무례한	**stupid** 어리석은

➡ 이성적 판단의 형용사 구문

It is + 이성적 판단의 형용사 + that + S + (should) + RV

중요한, 필수적인, 긴요한	**important, necessary, vital, essential, required, imperative, urgent**
당연한, 마땅한	**advisable, desirable, natural, right, proper**

❸ '수 형용사 + 복수 명사' vs '양 형용사 + 단수 명사'

수 형용사 + 복수가산명사		양 형용사 + 불가산명사	
many	많은	much	많은
few	거의 없는	little	거의 없는
a few	약간의	a little	약간의
quite[not] a few	꽤 많은 수의	quite[not] a little	꽤 많은 양의
a number of	많은 수의	an amount of	많은 양의
a couple of	두어 개의	a good[great] deal of	많은
several	몇몇의	less	더 적은

2 부사

1 -ly를 붙이면 뜻이 바뀌는 경우

late	늦은 / 늦게	lately	최근에 cf latest 최신의
hard	힘든, 열심인 / 열심히	hardly	거의 ~하지 않는
near	가까운 / 가까이	nearly	거의
short	부족한, 짧은 / 부족하게, 짧게	shortly	즉시
high	높은 / 높이, 높게	highly	매우, 고귀하게

2 ly형 형용사

friendly	친근한	costly	값비싼
lively	활기찬	deadly	치명적인
likely	~할 것 같은	lonely	외로운

3 enough의 어순

형용사 + **enough** (to RV)

4 비슷한 용법의 부사 구별

➡ **very** vs **much**

very	원급 수식 / 현재분사 수식 / the very 최상급 / 동사 수식 불가
much	비교급 수식 / 과거분사 수식* / much the 최상급 / 동사 수식 가능

* 감정을 나타내는 과거분사(surprised, pleased 등)는 very로 수식하는 것이 더 일반적이다.

➡ **most** vs **almost**

	대명사	대부분	most of the people
most	형용사	대부분의	most people
	부사	가장	most beautiful
almost	부사	거의	almost all (of) the people **cf** almost people (X)

➡ **too** vs **either**

too	~또한 ~하다 (긍정 동의)	either	~또한 ~하지 않다 (부정 동의)

5 부정부사·빈도부사

➡ **부정부사**

POINT 1 not 또는 never와 함께 쓰이지 않는 것을 확인 (부정어 중복 X)
POINT 2 부정부사가 문두에 오는 경우, '대동사 + 주어'의 어순으로 도치되었는지 확인

hardly, scarcely, rarely, barely, seldom, neither, never, little

➡ **빈도부사**

often, sometimes, usually, always, hardly 등의 빈도부사는 '일반동사 앞, be동사와 조동사 뒤'에 위치한다. '조동사 + be동사'가 올 경우 조동사와 be동사의 사이에 위치한다.

연습 문제

1. The book is difficult for me to read it.　　　　　　　　　　○ / ✕

2. It is essential that this report is adopted today.　　　　　　○ / ✕

3. He was enough kind to carry my books.　　　　　　　　　○ / ✕

1. X, read it → read 2. X, is adopted → (should) be adopted 3. X, enough kind → kind enough

3 명사

1 수일치에 주의해야 할 명사

➡ family형 : 의미에 따라 단수 혹은 복수 취급

구성원 전체를 하나의 집단으로 여길 때는 단수 취급하고, 집단의 개별적인 구성원을 강조할 때는 복수 취급한다.

family 가족	staff 직원	team 팀
committee 위원회	audience 관객	class 학급

➡ police형 : 항상 the, 복수 취급

the police 경찰	the clergy 성직자들

➡ cattle형 : 항상 복수 취급

cattle 소(떼)	people 사람들

➡ furniture형 : 불가산명사, 항상 단수 취급

furniture 가구	news 소식	equipment 장비	advice 충고
knowledge 지식	evidence 증거	information 정보	homework 숙제

2 단위명사

➡ 거리·금액·무게·시간 : 하나의 단위개념일 경우 단수 취급

➡ 단위명사가 뒤의 명사를 꾸미는 경우 : 단수형

수량형용사 + meter, kilometer, mile, story, hundred, thousand, pound, day, month, year + 명사

❸ -s로 끝나는 학문명 : 단수 취급

politics 정치학	statistics 통계학	economics 경제학

❹ 상호복수 명사 : 복수형 명사 사용

shake hands with	~와 악수하다
make friends with	~와 친구가 되다
take turns (in) RVing	교대로 ~하다
be on good terms with	~와 사이좋게 지내다

연습 문제

1. The police is looking for the criminal.   O / X

2. I need an advice for my business.   O / X

1. X, is → are 2. X, an advice → advice

4 관사

■ 정관사 the가 와야 하는 경우

➡ 악기 이름 앞

play the piano 피아노를 치다

➡ 사람과 신체 부위를 분리 표현하는 경우 : the 자리에 소유격 사용 금지

때리다, 치다	hit, strike, touch	+ 사람 + on the 신체 부위
잡다	catch, take, hold	+ 사람 + by the 신체 부위
보다	look, stare, gaze	+ 사람 + in the 신체 부위

➡ the + 형용사 = 복수 명사

the young	젊은이들	the old[elderly]	노인들
the poor	가난한 사람들	the rich[wealthy]	부자들

■ 관사가 붙지 않는 경우

➡ 계절·운동·식사

in summer 여름에	play tennis 테니스를 치다	have dinner 저녁을 먹다

➡ by와 함께 쓰인 교통·통신 수단

by bus 버스로	by train 기차로	by mail 우편으로

➡ **보어로 쓰인 신분·관직·지위 명사**

Mr. Kim was appointed <u>chief executive</u> of the World Bank.

Kim 씨는 세계은행의 최고 경영자로 임명되었다.

➡ **'본래의 용도'로 쓰인 건물·장소·가구**

go to school 학교에 다니다	**go to church** 교회에 다니다
go to prison 수감되다	**go to bed** 잠자리에 들다

➡ **as 도치 양보절에서 문두로 나온 명사 보어**

Though he was a small boy, he helped us.

= A small boy as he was, he helped us. (X)

= <u>Small boy</u> as he was, he helped us. (O)

그는 꼬마였음에도 불구하고 우리를 도왔다.

❸ 주의해야 할 관사의 위치

such, what, quite, many + a(n) + 형 + 명
so, as, too, how, however + 형 + a(n) + 명

연습 문제 --

1. A police officer was wounded when a brick struck him on his arm.　　　○ / ✕

2. I wanted to go by the train but there were no seats left.　　　○ / ✕

3. Each of us needs to overcome such a foolish fear.　　　○ / ✕

1. X, his → the 2. X, the train → train 3. O

5 대명사

1 인칭대명사

➡ 수와 격에 주의(재귀대명사)

➡ it/them 목적어 중복 금지

A + 목적격 관계대명사 + S + V + <u>it/them</u> (X)	the food that you like <u>it</u> (X) 당신이 좋아하는 음식
A + **to RV** + <u>it/them</u> (X)	the money to use <u>it</u> (X) 쓸 돈
A + be + 난이형용사 + **to RV** + <u>it/them</u> (X)	The book is easy to read <u>it</u>. (X) 그 책은 읽기 쉽다.
A + be + **too** + 형용사 + **to RV** + <u>it/them</u> (X)	This opportunity is too good to miss <u>it</u>. (X) 이 기회는 너무 좋아서 놓칠 수 없다.
A + be + **worth** + 동명사 + <u>it/them</u> (X)	This movie is certainly worth watching <u>it</u>. (X) 이 영화는 분명히 볼 가치가 있다.

➡ '타동사 + 전치사' 형태의 부사

pick up it/them (X) → pick it/them up (O)

2 부정대명사

➡ **one** vs **it**

one	불특정한 하나(a + 명사)	it	앞서 나온 것(the + 명사)

➡ **one** vs **another** vs **the other**

one	처음 하나	another	또 다른 하나	the other	마지막 남은 하나
some	처음 몇 개	others	또 다른 것들	the others	마지막 남은 것들

cf another + 단수 명사 / other + 복수 명사

→ all

all	대명사	+ of + **한정사** + 단수 명사 + 단수 동사 + of + **한정사** + 복수 명사 + 복수 동사 + of + 단·복수 명사 (X) → 한정사 필요	all of the money all of the apples all of money/apples (X)
	전치한정사	+ 한정사 + 단·복수 명사	all the money/apples
	형용사	+ 단·복수 명사	all money/apples
	단독 사용	+ 단수 동사(all이 사물을 나타낼 때) + 복수 동사(all이 사람을 나타낼 때)	

→ every vs each

	부정대명사	부정형용사
every	-	+ 단수 명사 + 단수 동사
each	+ 단수 동사 + of + 복수 명사 + 단수 동사	+ 단수 명사 + 단수 동사

연습 문제

1. She wanted to prove her to the whole world.　　　O / X

2. The bag is too heavy for me to lift it.　　　O / X

3. All the people were shocked at the scene of the accident.　　　O / X

4. Every of these systems has the advantages and disadvantages.　　　O / X

1. X, her → herself 2. X, lift it → lift 3. O 4. X, Every → Each

6 전치사

1 until vs by

until[till]	동작이나 상태의 지속 → '계속'이라는 말을 넣어 해석
by	동작의 완료 시점 → '늦어도'라는 말을 넣어 해석

2 for vs during

for	+ 불특정 기간 (주로 숫자를 포함 : for six days)
during	+ 특정 기간 (주로 한정사를 포함 : during his vacation)

3 beside vs besides

beside	[전치사] ~의 옆에
besides	[전치사] ~외에도, [접속부사] 게다가

4 between vs among

between	주로 둘 사이에서	비교급과 어울림
among	셋 이상 사이에서	최상급과 어울림

5 특정일을 나타내는 on

on	특정일, 날짜, 요일
at	시각, 새벽, 정오
in	연도, 월, 계절, 아침

6 be made from vs be made of

be made from	'화학적 변화'를 거쳐서 재료의 본래 형태가 보이지 않는 경우
be made of	'물리적 변화'를 거쳐서 재료의 본래 형태가 확인되는 경우

연습 문제

1. They went to London during the vacation and stayed there for three weeks.   ○ / ×

2. If nothing else happens, we must complete the task until tomorrow.   ○ / ×

3. Beside working as a doctor, he also writes novels in his spare time.   ○ / ×

1. ○ 2. ×, until → by 3. ×, Beside → Besides

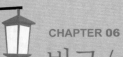

CHAPTER 06

비교 / 도치 / 특수 구문

1 비교

1 원급과 비교급 check point

POINT 1 혼용 또는 중복 check
> **ex** more prettier (X), as pretty than (X), as prettier as (X)

POINT 2 비교되는 두 대상의 급이 같아야 한다.
> **ex** The climate of Korea is milder than Canada. (X)

2 특수한 비교 구문

➡ **The 비교급, the 비교급 : ~하면 할수록 더 ~하다**

POINT 1 the가 비교급 양쪽에 모두 위치해야 하며

POINT 2 최상급이나 원급이 아닌 비교급이 와야 한다.

POINT 3 형용사 보어가 있는 경우, 주어보다 앞에 위치해야 한다.

➡ **비교 대상이 둘로 한정된 경우**

POINT 1 비교급 앞에 정관사 the를 붙인다.
> **ex** This is the heavier of the two cups.

POINT 2 최상급을 쓰면 틀린다.
> **ex** The girl is the tallest of the two students. (X)

3 비교급 강조

much, still, even, (by) far, a lot	(O)
very	(X)

4 라틴계 비교급

➡ 라틴계 형용사

superior to	~보다 우수한	inferior to	~보다 열등한
preferable to	~보다 더 나은	prior to	~보다 먼저인

➡ prefer

prefer	(동)명사	to	(동)명사
	to RV	(rather) than	(to) RV

5 원급·비교급 관용 구문

not so much A as B*	A라기보다는 오히려 B인
would rather A than B**	B하기보다는 차라리 A하겠다
know better than to RV	~할 정도로 어리석지 않다
A is no more B than C is (D)	A가 B가 아닌 것은 C가 (D가) 아닌 것과 같다

* 영작 문제인 경우 A와 B가 바뀌었는지 check   ** ① A와 B에 RV가 왔는지 check ② 영작 문제인 경우 A와 B가 바뀌었는지 check

cf 영작 문제에서 A와 B를 바꾸는 것에 주의

① 원급·비교급 표현

② 원인·결과 표현 : result in, result from / influence, be influenced by

③ would rather A than B / not so much A as B

④ Not until A, B / cannot A without B / Hardly[Scarcely] A when[before] B

비교/도치/특수 구문

2 도치

1 무조건 도치

➡ 부정어 또는 'only + 부사'가 문두에 나온 경우

부정어	not / never	~이 아닌 / 결코 ~않다
	little / hardly / scarcely / seldom / barely / rarely	거의 ~않다
	not only <u>A</u> but (also) B	A할 뿐만 아니라 B하다
	no sooner <u>A</u> than B	A하자마자 B하다
	on no account / under no circumstances	어떠한 경우에도 ~않다
only + 부사	only then	그때서야
	only recently	최근에야
	only when A <u>B</u>	A할 때에야 비로소 B하다

* 밑줄은 도치가 일어나는 부분을 나타냄 / only가 명사나 대명사 주어를 수식할 때는 도치되지 않는다.

➡ so/neither + V + S

POINT 1 'V + S'의 어순이 맞는지 check
POINT 2 긍정(so)인지 부정(neither)인지 check
POINT 3 대동사(do동사/be동사/조동사)가 제대로 왔는지 check

긍정 동의	and + **so** + V + S	S + V, **too**
부정 동의	and + **neither** + V + S	S + V, **either**
	nor + V + S	-

➡ 형용사 보어가 문두에 나온 경우

be동사의 보어로 쓰인 형용사나 분사가 문두에 오면 '형용사 + be동사 + 주어'의 어순으로 도치된다.

Helpful is the presence of comforting music.
위안이 되는 음악의 존재는 도움이 된다.

➡ 'so + 형/부' 또는 well이 문두에 나온 경우

so ~ that 구문의 'so + 형/부' 또는 well이 문두에 나온 경우, '대동사 + 주어'의 어순으로 도치된다.

So cold was it that I had to leave early.
너무 추워서 나는 일찍 떠나야 했다.

② 조건 도치

➡ 장소·방향의 부사구 또는 유도부사(Here/There)가 문두에 나온 경우

① 일반명사 주어이고 (대명사 주어 X) ② 1형식 자동사일 때 주어와 동사가 도치된다.

➡ as 양태 부사절의 도치

as절의 주어가 대명사가 아닌 일반명사일 경우 선택적으로 도치될 수 있다.

She's very tall, as is her mother.
= She's very tall, as her mother is.
그녀는 그녀의 어머니가 그런 것처럼 매우 키가 크다.

➡ 원급과 비교급 구문의 종속절에서의 도치

종속절의 주어가 대명사가 아닌 일반명사일 경우 선택적으로 도치될 수 있다.

My son plays more video games than do his friends.
= My son plays more video games than his friends do.
내 아들은 그의 친구들보다 비디오 게임을 더 많이 한다.

비교 / 도치 / 특수 구문

3 특수 구문

1 가목적어-진목적어 구문

> *POINT 1* 가목적어 it 빠지면 (X)
> *POINT 2* 목적격 보어 자리에 부사 오면 (X)
> *POINT 3* 진목적어에 원형부정사 오면 (X)

make, find, think, keep	+ it	+ OC + to RV/that절

2 가주어-진주어 구문

문장의 균형을 위해 주어 자리의 to RV구나 명사절을 문미로 이동시키고 원래의 주어 자리를 it으로 대신한 것이다.
진주어는 원칙적으로 to RV구나 명사절(that절, 의문사절 등)만 가능하다.

It is impossible for me to deceive her.
내가 그녀를 속이는 것은 불가능하다.

3 It ~ that 강조 구문

주어, 목적어, 부사구(절)를 It ~ that 사이에 넣어서 강조하는 구문이다.
강조되는 대상에 따라 that을 who(m), which, where로 바꿀 수 있다.

It was she that[who] told Mary the story at school yesterday.
어제 학교에서 Mary에게 그 이야기를 해준 사람은 바로 그녀였다.

4 부가의문문

앞 문장이 '긍정'이면 '부정'으로, 앞 문장이 '부정'이면 '긍정'으로 만든다.
부가의문문의 동사는 주절의 동사에 그 종류와 시제를 맞추어야 한다.
'There + be동사' 구문은 there를 부가의문문의 주어로 쓴다.

5 이중부정 금지 표현

hardly / scarcely / rarely / barely	unless / lest
any / either	유사관계대명사 but
dispense with (without X)	under[in] no circumstances

연습 문제

1. The population of China is more than 20 times those of Korea. O / X

2. A likely impossibility is always preferable than an unconvincing possibility. O / X

3. Under no circumstances can a customer's money be refunded. O / X

4. He didn't come to school and so did she. O / X

5. The fact that he is a foreigner makes difficult for him to get a job. O / X

6. 그는 사업가라기보다는 학자이다.
   → He is not so much a scholar as a businessman. O / X

6. X, a scholar as a businessman → a businessman as a scholar
1. X, those → that 2. X, than → to 3. O 4. X, so → neither 5. X, makes → makes it

최소시간X최대효과 =초고효율 심우철합격영어

실전
문제

문법 풀이 전략서

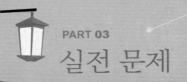
※ 어법상 옳은 것은? [01-08]

01

① She is busy preparing for her departure.

② Smoking is prohibiting in all facilities.

③ If you use a digital camera, you don't need to have the film develop.

④ I felt such nervous that I couldn't concentrate on my work.

02

① That place is fantastic whether you like swimming or to walk.

② So vigorously did he protest that they reconsidered his case.

③ Most of us have a great deal of relevant experience what you're looking for.

④ If she took the medicine last night, she would have been better today.

03

① The police demanded that she not leave the country for the time being.

② No sooner he had gone out than it started raining.

③ The dancer that I told you about her is coming to town.

④ The rescue squad was happy to discover an alive man.

04

① While worked at a hospital, she saw her first air show.

② I regret to inform you that your loan application has not been approved.

③ One of the exciting games I saw were the World Cup final in 2010.

④ Jane went to the movies, and so her sister did.

05

① She objects to be asked out by people at work.

② He arrived with Owen, who was weak and exhaust.

③ I met a student yesterday in the cafeteria who said she knew you.

④ They hope to finish the report before the library will close.

06

① John is talking to the man at the door when his mother phoned.

② This phenomenon has described so often as to need no further explanation.

③ He told us that he had hardly never arrived at work late.

④ The lab test helps identify problems that might otherwise go unnoticed.

07

① It is a unique set of tools which enables students to becoming active learners.

② We will never get to the meeting unless the train leaves within five minutes.

③ He explained me the meaning of the sentence.

④ Often, the team predicted to win and superior to their opponents lose the game.

08

① Susan likes to lay down for a short nap every afternoon.

② It is our duty to ensure that the public's money is spent as efficient as possible.

③ The police found an old coin which date had become worn and illegible.

④ You might think that just eating a lot of vegetables will keep you perfectly healthy.

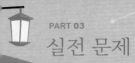
※ 어법상 옳지 않은 것은? [09-16]

09

① We can be said to be constantly managing risk in everything what we do.

② Eloquent though she was, she could not persuade him.

③ You are the only one I can rely on.

④ Only in this way is it possible to explain their actions.

10

① A week's holiday has been promised to all the office workers.

② Chocolate has a special chemical calling phenylethylamine.

③ If he had taken more money out of the bank, he could have bought the shoes.

④ The sea has its currents, as do the river and the lake.

11

① Tom moved to Chicago, which he worked for Louis Sullivan.

② Technological advances have made it possible to extend the life of individuals.

③ Tom made so firm a decision that it was no good trying to persuade him.

④ The colder it gets, the brighter the city becomes with colorful lights and decorations.

12

① However weary you may be, you must do the project.

② What annoys me most is that my sons don't study hard.

③ I want to have this letter sent by express mail.

④ When will it be convenient for you go there?

13

① Hardly had he fallen asleep when the alarm went off.

② I got scared when I saw the truck closing up on me.

③ She approached me timidly, and trembling slightly, sat down beside me.

④ It was the main entrance for that she was looking.

14

① The accident clearly resulted in your carelessness.

② The fact that he is a foreigner makes it difficult for him to get a job.

③ I will have read this book four times if I read it once again.

④ The library provides students with a wide range of research materials.

15

① Never in my life have I seen such a beautiful woman.

② We were absolutely amazed at the response to our appeal.

③ They wouldn't let me to attend the ceremony.

④ The remarkably large chest allows Phelps to create more power in the water.

16

① Each of the seven weekdays have a mythological origin.

② Had the products been delivered earlier, we could have completed the project on time.

③ In spite of the fact that he is generally honest, his boss is not likely to forgive him.

④ The store was so busy that it had to hire additional workers.

※ 우리말을 영어로 가장 잘 옮긴 것은? [17-19]

17

① 나는 커튼 뒤에 숨어서 그림자가 다시 나타나기를 기다렸다.

→ Hiding behind the curtain, I waited the shadow to reappear.

② 당신이 부자일지라도 당신은 진실한 친구들을 살 수는 없다.

→ Rich as if you may be, you can't buy sincere friends.

③ 아이의 나이가 어리면 어릴수록, 다른 언어를 더 쉽게 배울 것이다.

→ The younger a child is, the more easily he or she will learn another language.

④ 내 기억에는 그가 나에게 그런 뻔뻔스러운 거짓말을 한 적이 없다.

→ I don't remember for him to tell me such a direct lie.

18

① 환자들과 부상자들을 돌보기 위해 더 많은 의사가 필요했다.

→ More doctors were required to tend sick and wounded.

② 다리를 꼰 채로 오랫동안 앉아 있는 것은 혈압을 상승시킬 수 있다.

→ Sitting with the legs crossing for a long period can raise blood pressure.

③ 내 급우들 중 3분의 2가 졸업 후 직장을 알아볼 예정이다.

→ Two thirds of my classmates are going to look for jobs after graduation.

④ 그의 재능은 노래보다는 기타 연주에 있다.

→ His talent lies not so much in playing the guitar as in singing.

19

① 두 명의 가수 모두 넓은 음역의 풍부한 목소리를 가지고 있다.

→ Either of the singers has a rich voice with great range.

② 그는 실수하기는 했지만, 좋은 선생님으로 존경받을 수 있었다.

→ Although making a mistake, he could be respected as a good teacher.

③ 그 회사는 그가 부회장으로 승진하는 것을 금했다.

→ The company prohibited him from promoting to vice-president.

④ 우리는 운이 좋게도 그랜드캐니언을 방문했는데, 그곳은 경치가 아름답다.

→ We were enough fortunate to visit the Grand Canyon, which has beautiful scenery.

※ 우리말을 영어로 잘못 옮긴 것은? [20-28]

20

① 나는 마지막 순간까지 기다렸다가 밤을 새우는 데 익숙해있다.

→ I'm used to waiting until the last minute and staying up all night.

② 그는 경험과 지식을 둘 다 겸비한 사람이다.

→ He is a man of both experience and knowledge.

③ 제가 사무실에 없을지도 모르니까 제 휴대전화 번호를 알려드릴게요.

→ In case I'm not in my office, I'll let you know my mobile phone number.

④ 우리는 그의 연설에 감동하게 되었다.

→ We were made touching with his speech.

21

① 그녀는 젊었을 때 더 열심히 일하지 않았던 것을 후회한다.

→ She regrets not having worked harder in her youth.

② 협박도 하고 설득도 했지만, 그의 결심을 뒤집을 수는 없었다.

→ Neither threat nor persuasion could force him to change his mind.

③ 바깥 날씨가 추웠기 때문에 나는 차를 마시려 물을 끓였다.

→ Being cold outside, I boiled some water to have tea.

④ 음주 운전하는 것은 어리석은 짓이라는 것을 알았다.

→ I found it stupid to drive under the influence.

22

① 남에게 의존하지 말고 너 자신이 직접 그것을 하는 것이 중요하다.

→ It is important that you do it yourself rather than rely on others.

② 우리가 도착했을 때 영화는 이미 시작했었다.

→ The movie had already started when we arrived.

③ 나는 가능하면 빨리 당신과 거래할 수 있기를 바란다.

→ I look forward to doing business with you as soon as possible.

④ 회의에서 논의된 바와 같이, 새로운 정책들은 상당한 이익을 가져다줄 것이다.

→ As discussing in the meeting, the new policies will bring significant benefits.

실전 문제

23

① 아이들은 길을 건널 때 아무리 조심해도 지나치지 않다.

→ Children cannot be too careful when crossing the street.

② 은행 앞에 주차된 내 차가 불법 주차로 인해 견인되었다.

→ My car, parked in front of the bank, was towed away for illegal parking.

③ 고향을 떠났을 때, 그는 다시는 고향을 못 볼 거라고 꿈에도 생각지 않았다.

→ When he left his hometown, little does he dream that he could never see it again.

④ 그는 나의 팔을 붙잡고 도움을 요청했다.

→ He held me by the arm and asked for help.

24

① 만약 태풍이 접근해오지 않았었더라면 그 경기가 열렸을 텐데.

→ The game might have been played if the typhoon had not been approaching.

② 그의 최근 영화는 이전 작품들보다 훨씬 더 지루하다.

→ His latest film is far more boring than his previous ones.

③ 남을 돕는 데서 기쁨과 즐거움을 찾는 사람들은 행복하다.

→ Happy are those who find joy and pleasure in helping others.

④ Fred가 집에 도착할 때쯤이면, 그의 아버지는 파리로 떠난 뒤일 것이다.

→ By the time Fred will get home, his father will have left for Paris.

25

① 조난선 승무원들은 해안 경비대와 연락을 시도하려고 애를 썼다.

→ The crew of the wrecked ship tried to contact the coast guard.

② 우리는 폭풍우 때문에 야구를 하지 못했다.

→ The heavy rain prevented us from playing baseball.

③ 심하게 부서진 창문 때문에 돈이 많이 들었다.

→ My badly damaging windows cost me a lot of money.

④ 그녀는 이틀에 한 번 머리를 감는다.

→ She washes her hair every other day.

26

① John처럼 Mary도 마케팅에 경험이 없다.

→ Mary is no more experienced in marketing than John.

② 그는 오후 두 시까지 집에 있을 것이다.

→ He will be staying home until 2:00 in the afternoon.

③ 나는 은퇴 후부터 내내 이 일을 해 오고 있다.

→ I have been doing this work ever since I retired.

④ 그들은 한 시간에 40마일이 넘는 바람과 싸워야 했다.

→ They had to fight against winds that will blow over 40 miles an hour.

27

① 부모는 자녀들에게 낯선 사람과 이야기하지 말라고 항상 가르쳐 왔다.

→ Parents have always taught their children not to talk to strangers.

② 그 방법이 통하지 않았기 때문에 나는 학생들에게 나를 따라 반복하도록 했다.

→ As the method didn't work, I had the students repeat after me.

③ 우리가 작년에 그 아파트를 구입했었더라면 얼마나 좋을까.

→ I wish we purchased the apartment last year.

④ 중요한 것은 사람됨이지 재산이 아니다.

→ The important thing is not what you have but what you are.

28

① 그는 3년 후에 대학을 졸업할 것이다.

→ He will graduate from college in three years.

② 그는 대학에 다니지 않았지만 아는 것이 아주 많은 사람이다.

→ Even though he didn't go to college, he is a very knowledgeable man.

③ 교육문제는 사회구성원들의 합의에 바탕을 두어 해결되어야 한다.

→ Educational problems should solve upon the agreement of the society members.

④ 네가 통제하지 못하는 과거의 일을 걱정해봐야 소용없다.

→ It's no use worrying about past events over which you have no control.

※ 밑줄 친 부분 중 어법상 옳지 않은 것은? [29-35]

29

Events and celebrations ① <u>take place</u> all over the British Columbia Province in Canada during all of December. On False Creek in Vancouver, more than 80 cruise ships ② <u>were decorated</u> with Christmas lights brighten up the nights. The Carol Ships' Parade of Lights, ③ <u>which</u> started 44 years ago with only one ship, ④ <u>provides</u> a night of joyful carols and dinner from Dec. 1 to 23. Reservations are required.

30

It seems ① <u>common</u> for unknown artists to have ② <u>so</u> much financial difficulty that they cannot help ③ <u>looking for</u> a second job to help ④ <u>supporting</u> themselves.

31

① <u>During</u> the wedding dinner, the guests agreed that had it not been for the terrible weather, the wedding ② <u>would have been</u> perfect. But ③ <u>how</u> bad the weather was, the guests as well as the couple ④ <u>were</u> truly happy.

32

These days we do not save as much money ① <u>as we used to</u>. With non-essential spending ② <u>regarded as necessary</u>, our savings rate ③ <u>gradually decreased</u> for the last few years. We prefer to experience ④ <u>than save money</u>.

33

On the admission test, it's required that you ① <u>receive</u> a score of 70 or higher for the application ② <u>to accept</u>. In case you ③ <u>fail</u>, you can retake the test once and the better of the two scores ④ <u>will be applied</u>.

34

In the business world, instances occur ① <u>where</u> a company ② <u>known for</u> its stability and strong financial position suddenly ③ <u>face</u> bankruptcy, making investors ④ <u>suffer</u> a huge loss.

35

In the rapidly evolving world of technology, the number of innovations in artificial intelligence ① <u>have grown</u> exponentially. However, with the increasing complexity of AI systems, there are also a lot of ethical concerns ② <u>surrounding their use</u>. Crucial ③ <u>is ensuring transparency in AI development</u> to address these issues. Despite the challenges ahead, the opportunities for AI ④ <u>to positively impact</u> society remain great, from healthcare to autonomous vehicles.

01	①	02	②	03	①	04	②
05	③	06	④	07	②	08	④
09	①	10	②	11	①	12	④
13	④	14	①	15	③	16	①
17	③	18	③	19	②	20	④
21	③	22	④	23	③	24	④
25	③	26	④	27	③	28	③
29	③	30	④	31	③	32	③
33	②	34	③	35	①		

01

정답 ①

해설 'be busy (in) RVing'는 동명사 관용 구문으로 '~하느라 바쁘다'의 뜻을 갖는다.

② (prohibiting → prohibited) 문맥상 흡연이 '금지되는' 것이고, 타동사 prohibit 뒤에 목적어가 없으므로 수동태로 쓰여야 한다. 따라서 prohibiting을 prohibited로 고쳐야 한다.

③ (develop → developed) 사역동사 have는 목적어와 목적격 보어의 관계가 능동이면 목적격 보어로 RV가 오고, 수동이면 p.p.가 온다. 여기서 목적어인 film이 '현상되는' 것이므로 developed로 고쳐야 한다.

④ (such → so) such는 명사를 수식하는 형용사로 형용사를 수식할 수 없다. 따라서 such를 형용사 nervous를 수식할 수 있는 부사 so로 고쳐야 한다.

해석 ① 그녀는 출발 준비를 하느라 바쁘다.

② 흡연은 모든 시설들에서 금지된다.

③ 디지털 카메라를 사용하면 필름을 현상할 필요가 없다.

④ 나는 너무 긴장해서 일에 집중할 수가 없었다.

02

정답 ②

해설 'He protested so vigorously ~'에서 강조 부사 so vigorously가 문두로 나가면서 도치가 일어나 did he protest가 된 구조이다.

① (to walk → walking) 등위접속사 or을 사용하는 'A or B' 구문에서는 A, B의 격이 동일해야 한다. 이 문장에서는 like의 목적어 swimming과 to walk의 격을 일치시켜야 하므로, 뒤에 있는 to walk를 walking으로 고쳐야 한다.

③ (what → that) what은 명사절을 이끄는데, what 앞에서 이미 문장이 완전하다. 따라서 명사절이 또 들어갈 자리가 없으므로, what을 experience를 선행사로 받는 목적격 관계대명사 that으로 고쳐야 한다.

④ (took → had taken / would have been → would be) 시간 부사구 last night과 today를 통해 if절은 과거 사실의 반대, 주절은 현재 사실의 반대를 나타내는 혼합 가정법이 사용되었음을 알 수 있다. if절은 가정법 과거완료를 사용해야 하므로 took을 had taken으로, 주절은 가정법 과거를 사용해야 하므로 would have been을 would be로 고쳐야 한다.

해석 ① 네가 수영을 좋아하든지 걷기를 좋아하든지 간에 그 장소는 환상적이다.

② 그가 매우 강력하게 항의했기 때문에, 그들은 그의 사건을 재고했다.

③ 우리 대부분은 당신이 찾고 있는 관련 경험을 많이 가지고 있다.

④ 만약 그녀가 어젯밤 약을 먹었다면, 오늘 훨씬 나을 텐데.

03

정답 ①

해설 demand는 주장·요구·명령·제안·충고·결정 동사 중 하나로 당위성이 있는 that절을 취할 때 'that + S + (should) RV' 구조를 갖는다. not leave는 (should) not leave에서 should를 생략한 표현이다.

② (he had gone → had he gone) 부정부사 no sooner가 문두에 나왔으므로 주어와 동사가 도치되어야 한다. 따라서 he had gone을 had he gone으로 고쳐야 한다.

③ (about her → about) 목적격 관계대명사 that절 다음에는 목적어가 생략된 불완전한 문장이 와야 한다. 전치사 about의 목적어로 사용된 her는 선행사 The dancer와 동일한 대상을 가리키므로 her를 삭제해야 한다.

④ (an alive man → a live man 또는 a man alive) '살아 있는'이라는 뜻의 alive는 서술적 용법으로만 쓰이는 형용사이므로 보어로만 사용되고 뒤에 명사가 올 수 없다. 그런데 여기서는 뒤에 man이라는 명사가 나오고 있으므로, alive를 같은 의미를 지니면서 명사를 앞에서 수식할 수 있는 형용사 live로 고쳐야 한다. 또한 서술적 용법으로만 쓰이는 형용사는 주격 관계대명사와 be동사가 생략된 형태로 명사를 후치 수식할 수 있으므로, a man alive로 고치는 것도 가능하다.

해석 ① 경찰은 그녀에게 당분간 국내를 떠나지 말라고 요구했다.

② 그가 외출하자마자 비가 내리기 시작했다.

③ 내가 너에게 말했던 그 댄서가 시내로 오는 중이다.

④ 구조대는 살아 있는 남자를 발견하고 기뻐했다.

04

정답 ②

해설 approve는 타동사로, your loan application이 승인되지 못했다는 수동의 의미이므로 has not been approved는 바르게 쓰였다. 또한, 앞으로의 일에 대한 유감을 나타내는 표현으로 'regret to RV'가 쓰인 것과 inform의 직접목적어로 that절이 위치한 것 또한 적절하다.

① (worked → working) 부사절 접속사 While 뒤에 주어가 생략되어 있는 것을 볼 때 분사구문으로 사용되었음을 알 수 있다. 주절의 주어가 부사절의 주어이고, 그녀(she)가 병원에서 '일하는' 것이므로, worked를 working으로 고쳐야 한다.

③ (were → was) 주어가 'one of 복수 명사'의 형태일 때는 단수 명사 one에 맞춰 수일치하므로 were를 단수 동사 was로 고쳐야 한다.

④ (her sister did → did her sister) so를 사용한 긍정 동의 구문에서는 'so + V + S'로 주어와 동사가 도치되어야 한다. 따라서 her sister did를 did her sister로 고쳐야 한다.

해석 ① 병원에서 일하는 동안, 그녀는 처음으로 에어쇼를 보았다.

② 당신의 대출 신청이 승인되지 않았음을 알려드리게 되어 유감입니다.

③ 내가 본 재미있는 경기 중 하나는 2010년 월드컵 결승전이었다.

④ Jane은 영화를 보러 갔고, 그녀의 여동생도 그랬다.

05

정답 ③

해설 관계대명사 앞에 전치사로 이어진 명사구가 나올 경우 해석을 통해서 선행사를 찾아야 한다. 관계사절 내 동사 said로 보아 선행사가 a student이므로 관계대명사 who는 적절히 사용되었음을 알 수 있다.

① (be → being) object to에서 to는 부정사가 아닌 전치사이므로, 뒤에 동명사가 와야 한다. 따라서 be를 being으로 고쳐야 한다.

② (exhaust → exhausted) exhaust는 '지치게 하다'라는 뜻의 타동사이므로, 선행사 Owen이 '지쳤다'는 의미가 되려면 수동의 과거분사 exhausted로 고쳐야 한다.

④ (will close → closes) before 등이 이끄는 시간 부사절에서는 현재시제로 미래시제를 대신한다. 따라서 will close를 closes로 고쳐야 한다.

해석 ① 그녀는 직장 동료에게 데이트 신청받는 것을 싫어한다.

② 그는 Owen과 함께 도착했는데, Owen은 기운이 없고 지쳐 있었다.

③ 나는 너를 알고 있다고 말하는 학생을 어제 식당에서 만났다.

④ 그들은 도서관이 폐관하기 전에 보고서를 끝내기를 소망한다.

06

정답 ④

해설 3형식 동사로 쓰인 help가 (to) identify를 목적어로 취하고 있다. that절에는 가정법 과거가 쓰였으며, 2형식 become형 동사로 쓰인 go 뒤에 분사 형태의 unnoticed가 알맞게 쓰였다.

① (is → was) when이 이끄는 부사절의 시제는 과거이고 주절의 시제는 현재진행이므로 시제가 맞지 않는다. 따라서 is를 was로 고쳐야 한다.

② (has described → has been described) phenomenon이 '묘사하는' 것이 아니라 '묘사되는' 것이고, 타동사 describe 뒤에 목적어가 없으므로 수동태로 쓰여야 한다. 따라서 has described를 has been described로 고쳐야 한다. 'so + 형/부 + as to RV'는 '~할 만큼 형/부하다'의 뜻으로 적절히 사용되었다.

③ (hardly 혹은 never 삭제) hardly와 never는 둘 다 부정어이므로 이중부정이다. 따라서 둘 중 하나를 삭제해야 한다.

해석 ① 그의 어머니가 전화했을 때, John은 문간에서 그 남자와 이야기하고 있었다.

② 이러한 현상은 그 주제에 관한 더 이상의 어떤 설명도 필요하지 않을 정도로 자주 설명되어 왔다.

③ 그는 우리에게 그가 직장에 지각한 적이 거의 없었다고 말했다.

④ 그 실험실 검사는 검사를 하지 않았더라면 모르고 넘어갔을지도 모를 문제들을 확인하도록 도와준다.

07

정답 ②

해설 unless가 이끄는 조건의 부사절 접속사에서는 현재시제가 미래시제를 대신하므로, leaves는 적절하게 쓰였다.

① (to becoming → to become) enable은 to RV를 목적격 보어로 취하는 5형식 동사이다. 따라서 to becoming을 to become으로 고쳐야 한다.

③ (me → to me) explain은 완전타동사로 4형식 구조가 불가능하다. 따라서 me를 to me로 고쳐야 한다.

④ (lose → loses) 주어는 the team이고 이를 수식하는 분사구 predicted to win과 형용사구 superior to their opponents가 병렬된 구조이다. 따라서 동사 lose를 수에 맞게 loses로 고쳐야 한다.

해석 ① 그것은 학생들이 능동적인 학습자가 될 수 있게 해주는 특별한 도구 세트다.

② 기차가 5분 이내에 출발하지 않는 한 우리는 그 회의에 결코 갈 수 없을 것이다.

③ 그는 나에게 그 문장의 의미를 설명했다.

④ 종종, 이길 것으로 예상되고 상대 팀보다 우세한 팀이 경기에서 진다.

08

정답 ④

해설 keep이 5형식 동사로 쓰여 목적격 보어에 형용사인 healthy가 온 것은 적절하다. 앞에 나온 부사인 perfectly도 뒤에 나온 형용사 healthy를 적절하게 수식하고 있다.

① (lay → lie) lay는 '놓다'라는 의미의 타동사이므로, '눕다'라는 의미의 자동사인 lie로 고쳐야 한다.

② (efficient → efficiently) 'as 형/부 as possible'은 '가능한 ~하게'의 뜻을 갖는 원급 관용 표현이다. 여기서는 문맥상 동사구 is spent를 수식하므로 형용사 efficient를 부사 efficiently로 고쳐야 한다.

③ (which → whose) which 이하가 완전한 문장이고 관계대명사 바로 다음에 명사(date)가 왔으므로, 소유격 관계대명사가 와야 한다. 따라서 which를 whose로 고쳐야 한다.

해석 ① Susan은 매일 오후 잠깐 낮잠을 자기 위해 눕는 것을 좋아한다.

② 공적인 돈이 가능한 한 효율적으로 소비되도록 보장하는 것은 우리의 의무이다.

③ 경찰은 날짜가 닳아있어서 읽을 수 없는 오래된 동전을 하나 찾아냈다.

④ 당신은 단지 많은 야채를 섭취하는 것이 당신을 완벽히 건강한 상태로 유지해 줄 것이라 생각할 수도 있다.

09

정답 ①

해설 (what → that) what 앞에 everything이라는 선행사가 있고 do의 목적어 자리가 비어 있으므로, what을 목적격 관계대명사 that으로 고쳐야 한다.

② '형용사/부사/무관사명사 + as/though + S + V'의 양보절 도치 구문이다.

③ the only one과 I 사이에 목적격 관계대명사가 생략되어 있으므로, '자동사 + 전치사'인 rely on 뒤에 목적어 자리가 비어있는 것은 적절하다.

④ Only in this way라는 only 부사구가 문두로 나갔으므로 주어와 동사가 의문문의 어순으로 도치되었다. it은 가주어이며 to explain 이하가 진주어이다.

해석 ① 우리는 우리가 하는 모든 일에 있어 끊임없이 위험을 관리하고 있다고 말할 수 있다.

② 그녀는 언변이 좋음에도 불구하고, 그를 설득하지는 못했다.

③ 당신은 내가 의지할 수 있는 유일한 사람이다.

④ 오직 이 방법으로만 그들의 행동을 설명하는 것이 가능하다.

10

정답 ②

해설 (calling → called) calling 이하가 chemical을 수식하는 형용사구이다. 이때 화학물질이 페닐에틸아민이라고 '불리는' 것이므로 수동의 과거분사가 와야 한다. 따라서 calling을 called로 고쳐야 한다.

① 일주일간의 휴가가 모든 사무실 직원들에게 '약속되는' 것이므로, 수동태가 적절하게 쓰였다.

③ if절에는 'had p.p.'가, 주절에는 '조동사의 과거형 + have p.p.'가 쓰인 가정법 과거완료 문장이다.

④ 양태의 부사절로 쓰이는 as 구문에서는 주어가 일반명사일 경우 'as S + V' 또는 'as V + S'로 쓸 수 있다. 'S가 V하듯이'로 해석되며, 여기서는 주절의 일반동사(has)를 대신하면서 복수 주어에 어울리는 대동사 do를 사용했다.

해석 ① 일주일간의 휴가가 모든 사무실 직원들에게 약속되었다.

② 초콜릿은 페닐에틸아민이라고 불리는 특별한 화학물질을 함유한다.

③ 만약 그가 은행에서 돈을 더 찾았었다면, 그는 그 신발을 살 수 있었을 것이다.

④ 바다에 흐름이 있듯이, 강과 호수도 그러하다.

11

정답 ①

해설 [which → where 혹은 in which] 뒤에 완전한 절이 나오고, 선행사가 장소명사인 Chicago이므로 which를 where 또는 in which로 고쳐야 한다.

② make가 5형식 동사로 사용되어 to 부정사나 that절을 목적어로 취하는 경우, 'make + it(가목적어) + 목적격 보어 + to 부정사/that절(진목적어)' 형태를 취하므로 적절하게 쓰였다.

③ 'so ~ that' 구문이 쓰이고 있다. 'so + 형 + a(n) + 명'의 어순에 유의해야 한다. 'It is no good[use] RVing'는 '~하는 것은 소용이 없다'라는 뜻의 동명사 관용 구문이다.

④ '~하면 할수록 더 ~하다'라는 의미인 'the 비교급, the 비교급' 구문이 적절하게 쓰였다.

해석 ① Tom은 시카고로 이사를 갔으며, 그곳에서 그는 Louis Sullivan을 위해서 일했다.

② 기술의 발전은 개인의 수명을 연장하는 것이 가능하도록 해왔다.

③ Tom은 매우 확고한 결정을 내렸기 때문에 그를 설득하려 애써도 소용이 없었다.

④ 더 추워질수록 그 도시는 알록달록한 조명들과 장식들로 더욱 밝아진다.

12

정답 ④

해설 [go → to go] 난이형용사 convenient가 쓰인 구문으로 가주어 it, 의미상 주어 for you가 쓰였다. 이때 진주어는 to RV를 사용하므로 go를 to go로 고쳐야 한다.

① 의문부사로 쓰인 However 뒤에는 형용사나 부사가 위치하는데, 동사가 be동사이므로 형용사인 weary가 온 것은 적절하다.

② 관계대명사 What이 이끄는 명사절이 문장의 주어 역할을 하고 있고, 접속사 that이 이끄는 명사절이 문장의 보어 역할을 하고 있다.

③ 사역동사 have는 목적어와 목적격 보어의 관계가 능동이면 목적격 보어로 RV가 오고, 수동이면 p.p.가 온다. 편지는 '보내지는' 것이므로 수동의 sent는 적절하다.

해석 ① 네가 아무리 피곤해도, 너는 그 프로젝트를 해야 한다.

② 나를 가장 화나게 하는 것은 내 아들들이 공부를 열심히 하지 않는다는 것이다.

③ 나는 이 편지를 속달 우편으로 보내고 싶습니다.

④ 당신은 그곳에 언제쯤 가는 것이 편하시겠습니까?

13

정답 ④

해설 [that → which] 관계대명사 that은 전치사 뒤에서 쓸 수 없으므로, that을 which로 고쳐야 한다. 혹은 전치사 for를 looking 뒤로 이동시키는 것도 가능하다.

① '~하자마자 ~하다'라는 뜻의 'Hardly + had + 주어 + p.p. + when/before + 주어 + 과거동사' 구문으로, 부정부사 Hardly가 문두로 왔기에 주어와 동사가 도치되었다. Hardly 뒤에 과거완료시제 및 상관어구 when이 바르게 쓰였다.

② saw가 지각동사로 쓰여 목적격 보어 자리에 closing이 온 것은 적절하다.

③ approach는 완전타동사로 목적어 앞에 전치사를 필요로 하지 않는다. 분사구문 trembling slightly에서 의미상 주어 She가 '떠는' 것이므로 능동의 분사구문이 알맞게 쓰였다. '~옆에'라는 뜻의 전치사 beside 또한 알맞게 쓰였다.

해석 ① 그가 잠들자마자 알람이 울렸다.

② 나는 트럭이 가까이 다가오는 것을 보고 겁에 질렸다.

③ 그녀는 소심히 내게 접근했고, 약간 떨면서 내 옆에 앉았다.

④ 그것은 그녀가 찾고 있던 중앙 출입구였다.

14

정답 ①

해설 [in → from] result in 뒤에는 '결과'가 오며 result from 뒤에는 '원인'이 온다. 부주의로 인해 사고가 일어난 것이므로 in을 from으로 고쳐야 한다.

② 5형식 동사 make가 가목적어-진목적어 구조로 쓰였으며 it이 가목적어, to get a job이 진목적어이다. for him은 to RV의 의미상 주어이고 형용사 difficult가 목적격 보어이다. 동격의 that 또한 알맞게 쓰였다.

③ if가 이끄는 조건의 부사절에서는 현재시제가 미래시제를 대신하므로 read가 쓰인 것은 적절하다. 또한 횟수(four times)와 상응하는 미래완료시제 will have read가 온 것 또한 적절하다.

④ 'A에게 B를 제공하다'라는 의미를 지닌 'provide A with B' 구문이 적절하게 쓰였다.

해석 ① 그 사고는 명백히 네 부주의로 인해 일어났다.

② 그가 외국인이라는 사실은 그가 취직하는 것을 어렵게 한다.

③ 내가 이 책을 한 번 더 읽으면 4번 읽은 것이 된다.

④ 그 도서관은 학생들에게 다양한 연구 자료를 제공한다.

15

정답 ③

해설 (to attend → attend) 사역동사 let은 목적어와 목적격 보어의 관계가 능동이면 목적격 보어로 RV가 오고, 수동이면 be p.p.가 온다. 목적어인 '나'가 '참석하는' 것이므로 목적격 보어에는 원형부정사 attend가 와야 한다.
① 부정어 Never가 문두에 와서 주어와 동사가 적절하게 도치되었다. 또한 such a beautiful woman의 어순도 적절하다.
② 주어인 우리가 호소에 대한 반응에 '놀란' 것이므로, amazed는 적절하게 쓰였다.
④ allow가 5형식 동사로 쓰여 목적격 보어 자리에 to create가 적절하게 쓰였다. 또한 remarkably는 형용사 large를 수식하는 부사로 옳게 쓰였다.
해석 ① 내 인생에서 그렇게 아름다운 여성을 본 적이 없다.
② 우리는 우리의 호소에 대한 반응에 완전히 놀랐다.
③ 그들은 내가 그 기념식에 참석하는 것을 허락하지 않을 것이다.
④ 눈에 띄게 큰 가슴은 Phelps가 물속에서 더 많은 힘을 낼 수 있게 해준다.

16

정답 ①

해설 (have → has) 대명사 each는 항상 단수로 취급하므로 have를 has로 고쳐야 한다.
② had가 주어 앞에 위치한 평서문의 경우, if가 생략된 가정법 문장인지 확인해야 한다. 주절의 could have completed를 통해 가정법 과거완료 문장임을 알 수 있다.
③ In spite of는 양보의 의미를 갖는 전치사구로 뒤에 명사구가 이어진 것은 적절하다. 명사 the fact 뒤의 that은 동격의 접속사로 뒤에 완전한 문장이 이어진다.
④ '너무 ~해서 ~하다'라는 뜻의 'so ~ that' 구문이 적절하게 쓰였다.
해석 ① 일주일의 각 요일은 신화적 기원을 가지고 있다.
② 그 제품들이 좀 더 일찍 도착했더라면, 우리는 제시간에 프로젝트를 완수할 수 있었을 텐데.
③ 그가 대체로 정직하다는 사실에도 불구하고, 그의 상사는 그를 용서할 것 같지 않다.
④ 그 가게는 너무 바빠서 더 많은 직원을 고용해야 했다.

17

정답 ③

해설 '~하면 할수록 더 ~하다'의 뜻을 갖는 'the 비교급, the 비교급' 구문이 적절하게 사용되었다.
① (waited → waited for 또는 awaited) wait는 자동사라 전치사 없이 목적어를 취할 수 없다. 따라서 waited를 waited for로 고치거나 타동사인 awaited로 고쳐야 한다.
② (as if → as) '비록 ~일지라도'를 의미하는 표현은 '형용사/부사/무관사명사 + as[though] + 주어 + 동사' 구문을 사용한다. 따라서 as if를 as로 고쳐야 한다. 참고로 as if는 '마치 ~인 것처럼'이라고 해석한다.
④ (for him to tell → his telling) remember의 목적어로 동명사가 오면 '과거에 한 일'을 나타내며, to RV가 오면 '미래에 일어날 일'을 나타낸다. 주어진 우리말은 과거에 한 일을 가리키므로 동명사 telling을 써야 하며 동명사의 의미상 주어는 소유격으로 나타내므로, for him to tell을 his telling으로 고쳐야 한다.

18

정답 ③

해설 문장의 주어가 복수 명사인 my classmates의 분수이므로, 복수 동사 are의 수일치는 적절하다.
① (sick and wounded → the sick and the wounded) 'the + 형용사'는 '~한 사람들'이라는 뜻의 복수보통명사로 사용될 수 있다. 동사 tend의 목적어로 명사가 와야 하고, 주어진 우리말에서 '환자들과 부상자들'이라고 했으므로 sick and wounded를 the sick and the wounded로 고쳐야 한다.
② (crossing → crossed) 부대 상황을 나타내는 분사구문이 쓰였다. 목적어인 다리가 '꼬인' 것이므로, crossing을 crossed로 고쳐야 한다.
④ (playing the guitar as in singing → singing as in playing the guitar) 'not so much A as B'는 'A라기보다는 B인'이라는 뜻을 지닌 표현이다. 따라서 우리말에 맞게 A와 B의 위치를 바꿔야 한다.

19

정답 ②

해설 접속사 Although 뒤에 he was가 생략된 분사구문이다. 또한 그가 존경을 '받는' 것이므로 수동태 be respected가 온 것은 적절하다.

① (Either of the singers has → Both of the singers have) Either of the singers는 '가수들 중 한 명'을 의미한다. 주어진 우리말을 참고하면, '두 명의 가수 모두'라고 했으므로, Either of the singers를 Both of the singers로 고치고, 동사도 수에 맞게 has를 have로 고쳐야 한다.

③ (promoting → being promoted) promote는 타동사로 '~를 승진시키다'의 의미인데, 뒤에 목적어가 없고, 주어진 우리말에서 그가 '승진되는' 것이라고 했으므로, promoting을 being promoted로 고쳐야 한다.

④ (enough fortunate → fortunate enough) enough가 부사로 쓰여서 형용사나 부사를 수식할 때에는 반드시 후치 수식한다. 따라서 enough fortunate를 fortunate enough로 고쳐야 한다. 참고로, 콤마 뒤에서 계속적 용법으로 쓰인 which는 적절하다.

20

정답 ④

해설 (touching → touched) 우리가 '감동시키는' 것이 아닌 '감동받은' 것이므로 touching을 수동의 과거분사 touched로 고쳐야 한다. 참고로 앞에는 5형식 동사 make가 수동태로 쓰이고 있다.

① 'be used to (동)명사(~하는 데 익숙하다)' 표현이 알맞게 쓰였다. 또한 등위접속사 and를 사이에 두고 waiting과 staying이 병렬 관계를 이루고 있다.

② both A and B 구조가 바르게 쓰인 문장이다.

③ 조건의 부사절 접속사 in case는 '~할 경우에 대비해서'를 의미하며, 현재시제로 미래시제를 대신한다. 한편 사역동사 let은 목적격 보어로 동사원형을 취한다.

21

정답 ③

해설 (Being → It being) Being의 의미상 주어와 주절의 주어가 다르므로 분사구문의 주어를 생략할 수 없다. 분사구문이 날씨를 나타내고 있으므로 비인칭 주어 it을 사용하여 It being으로 고쳐야 한다.

① regret은 동명사 목적어를 취할 때 '~한 것을 후회하다'의 의미를 가진다. 동명사의 부정형은 동명사 앞에 not이 위치한다. in her youth라는 과거시점 부사구로 미루어 보아 준동사의 시제는 본동사 regrets의 시제보다 앞서므로 having worked라는 동명사의 완료형을 적절하게 사용하였다.

② neither A nor B의 상관접속사가 적절히 사용되었다. force는 5형식으로 쓰일 때 목적격 보어로 to RV를 취한다.

④ 동사 find가 가목적어-진목적어를 취하는 구문으로 사용되었다. 목적격 보어로 형용사 stupid가 온 것은 적절하고 진목적어로 to RV구를 쓴 것도 적절하다. under the influence는 '과음한 상태에서'라는 의미의 관용 구문이다.

22

정답 ④

해설 (discussing → discussed) discuss는 타동사라 discussing으로 사용하면 뒤에 목적어가 있어야 하고, 주어진 우리말에서도 '논의된'이라고 했으므로 discussing을 discussed로 고쳐야 한다.

① 이성적 판단의 형용사인 important가 들어간 가주어-진주어 구문에서 that절의 동사는 (should) RV가 되어야 한다. 따라서 (should) do는 어법에 맞는 표현이다. 또한 비교 구문에서 비교 대상 간의 격은 일치해야 하므로 rather than 뒤에 동사원형 rely가 온 것도 적절하다.

② 우리가 도착한 시점인 과거보다 영화가 시작한 시점이 더 이전이므로 had already started는 적절하게 쓰였다.

③ 'look forward to (동)명사'는 '~하기를 고대하다'라는 뜻의 동명사 관용 구문으로 doing이 알맞게 쓰였다. do business와 as soon as possible의 표현도 알맞게 쓰였다.

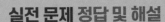
23

정답 ③

해설 (does → did) when절의 시제가 과거(left)이므로, 주절의 시제 또한 과거로 맞추는 것이 적절하다. 따라서 does를 did로 고쳐야 한다.

① 'cannot ~ too'는 '아무리 ~해도 지나치지 않다'라는 표현으로 적절하게 쓰였다.

② 차는 '주차되고', '견인되는' 것이므로 과거분사 parked와 수동형 동사 was towed away는 바르게 쓰였고, 문장의 주어 My car가 단수이므로 단수 동사가 온 것 또한 적절하다.

④ 사람과 신체 부위를 분리하여 표현하는 경우, 신체 부위 앞에는 정관사 the를 쓴다. '잡다'의 뜻을 갖는 동사 catch, take, hold 등은 뒤에 전치사로 by를 사용한다.

24

정답 ④

해설 (will get → gets) by the time을 이용한 시간의 부사절에서는 현재시제가 미래시제를 대신하므로, will get을 gets로 고쳐야 한다.

① 주절의 동사(might have been played)와 종속절의 동사(had not been approaching)가 알맞게 사용된 가정법 과거완료 문장이다.

② 동사 bore는 '지루하게 만들다'라는 의미이다. 이 문장에서는 His latest film이 '지루하게 하는' 것이므로 boring은 적절하게 쓰였다. 비교급 강조 부사 far의 쓰임도 적절하다.

③ 형용사 보어가 문두로 이동하면서 주어와 동사가 도치된 문장이다. '~하는 사람들'이라는 의미의 those who 표현 또한 알맞게 쓰였다.

25

정답 ③

해설 (damaging → damaged) damaging은 현재분사로 windows를 수식하고 있는데, 의미상 주어인 windows가 '부서진' 것이므로 수동의 과거분사 damaged로 고쳐야 한다.

① try to RV 목적어를 취할 경우 '~하기 위해 노력하다'의 뜻이므로 to contact는 적절하게 쓰였다.

② 금지·억제 동사 prevent는 목적어 뒤에 from RVing가 나오는 구조를 취해 '목적어가 ~하는 것을 막다'의 의미를 가진다.

④ 현재의 습관을 나타내고 있으므로 현재시제로 쓰인 washes는 적절하다. 참고로 every other day는 '이틀에 한 번, 하루걸러'라는 뜻이다.

26

정답 ④

해설 (will blow → blew) 주절의 동사가 과거시제 had이므로 관계대명사 that절의 시제 또한 과거시제여야 한다. 따라서 will blow를 blew로 고쳐야 한다.

① 'A is no more ~ than B'는 'B처럼 A도 ~하지 않다'의 뜻으로, 'A is as 반대 의미 as B'로 바꾸어 해석하면 쉽다.

② stay는 동작의 '지속'을 나타내는 동사이므로 전치사 until이 온 것은 적절하다.

③ '~이후로'의 의미를 가지는 since절에는 과거시제가, 주절에는 현재완료진행시제가 적절하게 쓰였다.

27

정답 ③

해설 (purchased → had purchased) I wish 가정법 구문으로, 종속절은 주절(현재)보다 이른 과거 사건의 반대를 가정하고 있으므로 가정법 과거완료여야 한다. 따라서 purchased를 had purchased로 고쳐야 한다.

① teach는 'teach O to RV(O에게 ~하라고 가르치다)'의 구조를 취할 수 있다. 또한 to RV의 부정형으로 to 앞에 not이 온 것 역시 적절하고, 자동사 talk가 사람 목적어 앞에 전치사 to를 취한 것도 적절하다.

② 사역동사 have가 쓰인 문장으로, 목적격 보어로 동사원형 repeat이 온 것은 적절하다.

④ 관계대명사 what이 이끄는 명사절이 is의 보어로 적절히 쓰였고, not A but B(A가 아니라 B인) 또한 병렬 구조에 맞게 사용되었다. 'what + S + be'는 사람의 인격과 상태를 나타내는 표현이다.

28

정답 ③

해설 (solve → be solved) solve는 '해결하다'라는 의미의 타동사이다. solve 뒤에 목적어가 없고, 주어인 교육문제가 '해결되는' 것이므로, solve를 be solved로 고쳐야 한다.

① graduate는 완전자동사라 목적어를 취하기 위해 전치사 from이 쓰인 것은 적절하다.

② 접속사인 Even though 뒤에 절이 온 것은 적절하다.

④ 'It is no use RVing'는 '~해도 소용없다'의 뜻을 갖는 동명사의 관용 표현이다. 따라서 동명사 worrying은 적절하게 쓰였다. 또한 '전치사 + 관계대명사'인 over which 뒤에 완전한 문장이 온 것도 적절하다.

29

정답 ②

해설 (were decorated → decorated) 하나의 절에서는 하나의 동사만 쓸 수 있다. 이 문장의 주어는 more than 80 cruise ships이고, 문맥상 동사는 brighten up이라 접속사 없이 동사가 또 나올 수 없으므로 were decorated는 cruise ships를 수식하는 분사가 되어야 한다. 이때 유람선이 '장식되는' 것이므로 수동의 과거분사 decorated로 고쳐야 한다.

① 자동사 take place는 수동태로 쓸 수 없으며, 주어가 복수 명사인 Events and celebrations이므로 적절하게 쓰였다.

③ 관계대명사 which는 The Carol Ships' Parade of Lights를 선행사로 받고 있으며, 뒤에 주어가 없는 불완전한 절이 온 것은 적절하다.

④ 주어가 단수 명사인 The Carol Ships' Parade of Lights이므로 단수 동사 provides의 수일치는 적절하다.

해석 행사들과 기념식들이 12월 내내 캐나다의 브리티시컬럼비아주 전 지역에서 열린다. 밴쿠버의 False Creek에서는 크리스마스 조명으로 장식된 80개가 넘는 유람선들이 밤을 밝힌다. 44년 전에 오직 한 척의 배로 시작했던 The Carol Ships' Parade of Lights는 즐거운 캐럴과 저녁 식사의 밤을 12월 1일부터 23일까지 제공한다. 예약은 필수다.

30

정답 ④

해설 (supporting → (to) support) 준사역동사 help는 (to) RV를 목적격 보어로 취하므로, supporting을 (to) support로 고쳐야 한다.

① seem은 2형식으로 쓰일 때 형용사를 보어로 취하는 동사이므로 common은 적절하게 쓰였다.

② '너무 ~해서 ~하다'라는 의미의 'so ~ that' 구문이 사용되었다.

③ 'cannot help RVing'는 '~하지 않을 수 없다'라는 뜻을 가진 구문으로 동명사 looking for가 적절하게 쓰였다.

해석 무명 예술가들이 너무 큰 재정적 어려움을 겪어서 자기 부양을 돕기 위해 부업을 구하지 않을 수 없는 것은 흔해 보인다.

31

정답 ③

해설 (how → however) 명사절을 이끄는 how는 '얼마나 ~한지'라는 의미의 의문부사이고, 부사절을 이끄는 however는 '아무리 ~해도'라는 의미의 복합관계부사이다. 여기서는 쉼표 앞에 명사절이 단독으로 있을 수 없으며, 의미상으로도 '아무리 날씨가 나빠도'가 되어야 자연스러우므로 how를 however로 고쳐야 한다.
① during은 전치사이므로 뒤에 명사(구)가 와야 하는데, 여기서는 뒤에 the wedding dinner라는 명사가 있으므로 적절하게 쓰였다.
② '~이 없었다면'을 나타내는 가정법 과거완료인 if it had not been for에서 if가 생략되어 had it not been for로 도치된 것이므로, 주절에 '조동사의 과거형 + have p.p.'가 적절하게 쓰였다.
④ 'B뿐만 아니라 A도'라는 의미의 상관접속사 'A as well as B'가 주어로 나오면 동사의 수는 A에 맞춰야 한다. 따라서 the guests에 수일치한 복수 동사 were는 적절하다.

해석 결혼식 피로연 동안, 손님들은 나쁜 날씨가 아니었다면 결혼식이 완벽했을 것이라고 동의했다. 그러나 날씨가 아무리 나빴더라도, 부부뿐만 아니라 손님들도 진심으로 행복했다.

32

정답 ③

해설 (gradually decreased → has gradually decreased) 뒤에 기간을 나타내는 for the last few years가 나왔으므로 현재완료시제가 쓰여야 한다. 따라서 gradually decreased를 has gradually decreased로 고쳐야 한다.
① 'as ~ as' 원급 비교 구문이 쓰인 문장이다. 'used to RV'는 현재는 하지 않는 과거의 습관을 나타내는 '(~하곤) 했다'라는 의미의 표현이므로 문맥상 적절하게 쓰였다. 참고로 used to 뒤에 앞에서 나온 save가 생략된 형태이다.
② 부대 상황을 나타내는 'with + O + OC'의 분사구문이 사용되었는데, 지출이 '간주되는' 것이므로 수동의 과거분사 regarded는 적절하다. 또한 'A를 B로 간주하다'라는 뜻의 'regard A as B' 구문은 수동태로 바꾸면 'be regarded as B'의 형태가 되므로 as necessary의 쓰임도 적절하다.
④ prefer의 목적어 뒤에 비교 대상이 있는 경우, 'prefer RVing to RVing' 또는 'prefer to RV (rather) than (to) RV'의 형태로 사용된다.

해석 요즘 우리는 예전에 했던 것만큼 많은 돈을 저축하지 않는다. 꼭 필요하지 않은 지출이 필요하다고 간주되면서, 우리의 저축률은 지난 몇 년간 점차 감소해 왔다. 우리는 돈을 저축하는 것보다 경험하는 것을 선호한다.

33

정답 ②

해설 (to accept → to be accepted) to 부정사의 의미상 주어인 the application은 '수락하는' 것이 아닌 '수락되는' 것이므로 to accept를 수동형인 to be accepted로 고쳐야 한다.
① required와 같은 이성적 판단의 형용사가 포함된 가주어(it)-진주어(that절) 구문에서, that절 내의 동사는 '(should) + RV'를 사용하므로 receive는 적절하게 쓰였다.
③ in case가 이끄는 조건 부사절에서는 현재시제가 미래시제를 대신하므로 fail은 적절하게 쓰였다.
④ 주어인 점수가 '적용하는' 것이 아닌 '적용되는' 것이므로 수동태 will be applied는 적절하게 쓰였다.

해석 입학시험에서 당신은 원서가 수락되기 위해서는 70점 이상의 점수를 받아야 한다. 당신은 실패한 경우 한 번 재응시할 수 있으며, 두 점수 중 더 좋은 것이 적용될 것이다.

34

정답 ③

해설 (face → faces) where가 이끄는 부사절의 주어는 단수 명사인 a company이므로 그에 수일치하여 face를 단수 동사 faces로 고쳐야 한다.
① 관계부사로 쓰인 where 앞에 instances라는 선행사가 있고, 뒤에 완전한 문장이 왔으므로 적절하다.
② known for ~ position은 a company를 수식하는 분사구이다. 이때 회사가 '알려진' 것이므로 수동의 과거분사 known으로 쓰인 것은 적절하며, 맥락상 안정성과 튼튼한 재정 상태는 알려진 이유이므로 전치사 for의 쓰임도 적절하다.
④ 사역동사 make는 목적어와 목적격 보어의 관계가 능동일 때 원형부정사를 목적격 보어로 취하므로 suffer는 적절하게 쓰였다.

해석 비즈니스 세계에서는 안정성과 튼튼한 재정 상태로 유명한 기업이 갑자기 파산을 맞아 투자자들이 큰 손실을 보게 하는 사례들이 발생한다.

35

정답 ①

해설 (have grown → has grown) the number of는 '~의 수'
라는 의미이다. of 뒤에 복수 명사가 와야 하고 the number가 주
어이므로 동사의 수일치는 단수로 해야 한다.

② surrounding 이하는 ethical concerns를 수식하는 분사구
이다. 윤리적 우려가 인공 지능 시스템의 사용에 '둘러싸인' 것이
아니라, 그것을 '둘러싼' 것이므로 능동의 현재분사로 적절하게 쓰
였다. 또한 AI systems를 대신 가리키는 대명사 their의 쓰임도
적절하다.

③ be동사 is의 보어로 쓰인 형용사 crucial이 문두에 오면서 주
어와 동사가 적절하게 도치되었다.

④ the opportunities를 수식하는 to 부정사의 형용사적 용법으
로 적절하게 쓰였으며, positively가 impact를 수식하는 부사로
쓰인 것 또한 적절하다.

해석 기술이 빠르게 진화하는 세계에서, 인공 지능 혁신의 수는
기하급수적으로 증가했다. 그러나 인공 지능 시스템의 복잡성이
커지면서, 그것의 사용을 둘러싼 많은 윤리적인 우려도 있다. 중
요한 것은 이러한 문제를 해결하기 위해 인공 지능 개발의 투명
성을 보장하는 것이다. 앞으로의 난제에도 불구하고, 의료에서
자율 주행 차량에 이르기까지 인공 지능이 사회에 긍정적으로
영향을 미칠 기회는 여전히 크다.

Staff

Writer	심우철
Director	정규리
Researcher	강다비다 / 장은영
Design	강현구
Manufacture	김승훈
Marketing	윤대규 / 한은지 / 장승재 / 유경철

발행일: 2024년 2월 16일 (개정 7판 3쇄)

내용문의: http://cafe.naver.com/shimson2000